悲　哀　の　底

——西田幾多郎と共に歩む哲学——

岡田勝明　著

晃　洋　書　房

目次

第一章　悲哀と共に人生そのものが始まる

1　一日も人格修養怠るまじ

西田幾多郎は、一八七〇年（明治三年五月）に生れ、一九四五年（昭和二〇年六月）に他界している。明治・大正、そして敗戦前の昭和までを生きたことになる。この七五年間を胸に思い浮かべるだけで、筆者が生れる前のことであっても、社会の出来事や、西田個人の内面のドラマなど、さまざまなことが心の中を去来する。「西田先生！」とも、「西田さん！」とも、「そうか、西田幾多郎！」とも、呼びかけたくなるような感慨を感じる。

現在において、西田が生きた歳月と、その死後の年月とがほぼ同じ長さとなりつつある。つまり西田の死後、西田自身の生きた年月と同じぐらいの時が過ぎようとしている。西田が生涯をかけて生きて考えたことを、死後その生涯と同じ長さの年月を経過しつつある今、改めて見直して、西田哲学を受け取り直してみることが、私たちが生きている現代にこそ求められていると思う。形なきもののリアリティーを捉えるイマジネーションの力は、現代ではたんにイリュージョンになりつつある。その事態に対して根本的な立場を提示できるのが、西田哲学だと思う。「現代」という鏡に、西田哲学がいかに映り直して見えるか、ということを念頭に語っていきたい。

西田の生涯における「悲哀」ということについて、まずとりあげてみよう。

西田は京都大学を退職するにあたって、自己の人生の始まりを、次のように回顧している。「私は北国の一寒村に生れた。［……］十三、四歳の時、小姉に連れられて金沢に出て、師範学校に入った。村では小学校の先生ほどの学者はない。私は先生の学校に入ったのである。しかるに幸か不幸か私は重いチブスに罹って一年ほど学校を休んだ。その中（うち）、追々世の中のことも分かるようになったので、私は師範学校をやめて専門学校に入った。専門学校が第四高等中学校と改まると共に、四高の学生となったのである。」（「或る教授の退職の辞」、なお（　）内の読み仮名加筆は筆者による、今後も同じである）。〈「北国の一寒村」とは「宇ノ気（うのけ）」のことで、最寄駅は金沢から和倉温泉に向かう七尾線の「宇野気」である。おそらく世界で唯一の哲学ミュージアム、「石川県西田幾多郎記念哲学館」がここに建設されている。その前身は、昭和四三年開館された「西田記念館」である。〉

「チブス」は、「チフス（ドイツ語で、Typhus）」とも表記される。「チフス」は、シラミやダニを媒介して感染する「発疹チフス」と、サルモネラに属する菌による疾患である「腸チフス」や「バラチフス」をさすが、症状が似ていたためどちらも「チフス」と呼ばれた経緯があるだけで、両者は病原菌が異なる伝染病である。西田が罹患したチフスは腸チフスであろう。たまたま見出した「都留市史」では、明治四二年（一九〇九年）当地での腸チフス罹患者数は一九人、うち六人死亡、翌年患者が大量発生し、明治四三年では一〇二人罹患、うち二〇人死亡、とある。大正一二年（一九二三年）の芥川龍之介の短編「一塊の土」では、「丈夫自慢のお民は腸チブスに罹（かか）り、発病後八日目に死んでしまつた。尤（もっと）も当時腸チブス患者はこの小さい一村の中にも何人出たかわからなかつた」、ともある。衛生状態のよくなかった当時では、チフスは誰でもかかる可能性のある病で、高熱が出て、死亡率も高かったのである。幸いにも西田は生き延びた。

西田には弟が一人〈憑次郎（ひょうじろう）、明治三七年に、日露戦争において、三四歳で旅順にて戦死〉、姉が二人、妹が一人いた。「小姉に連れられて金沢に出」た、と回想されている「小姉」とは、下の姉、「尚」のことで、幾多郎と共にチフスに罹り、明治一六年（一八八三年）一七歳で亡くなった。幾多郎はその時、一三歳であった。

「重いチフス」と言いながら淡々と述べているが、一年の休学を余儀なくされたぐらいだったのだから、姉の尚の運命は、また西田に起こったことでもあり得た。「追々世の中のことも分かるようになった」という意味あいは、そのような事態を勘案すれば、たんに教師になるために師範学校に行くという進路以外にさまざまな可能性があるということに気づいた、ということだけではなかっただろう。この出来事によって、「人間の死がいかに悲しき者なるかを知り」と西田は語っているのだから、

「分かるようになった」ことのなかに、人間の生き死にということに思いが深まった、ということがひそんでいたと考えられる。

その後の西田の歩みを概略的に見ておこう。

西田は金沢の第四高等学校に進学して、生涯の心友となる、鈴木大拙〈本名は貞太郎（ていたろう）、「大拙」は居士号、西田の居士号は「寸心（すんしん）」〉をはじめ、山本良吉〈もとの姓は金田、二三歳の時に山本なおの養子となり、山本姓となる〉、藤岡作太郎と出会う。西田と大拙と藤岡は、「加賀の三太郎」と称賛されたが、東大助教授で国文学の研究者となった藤岡は、明治四三年、四一歳で若くして病によって亡くなっている。山本はやはり教員として活躍し、七二歳で昭和一七年（一九四二年）に亡くなっている。大拙は西田の死後なお二十年あまりを生きて、昭和四一年（一九六六年）九五歳で永眠した。この四人の死亡時期を取り上げただけでも、人間の生のドラマが胸に迫る〈東大をはじめ学校名は正式には当時の名称を使うべきであるが、現在とのつながりのなかで西田哲学を見て行くということでは、現在の校名を使用したほうが、はるか昔というニュアンスから自由になれると思われるので、現在の校名をもちいている〉。

心を開き合う友情を得た学校であったが、西田は明治二三年（一八九〇年）四高を中退している。西田たちは、旧制高校のバンカラな青春のさきがけのような生活を謳歌していた。しかし一六歳で入学した当初のもと藩校であった「石川県専門学校」が、中央政府の管轄下の「第四高等中学」へと学校の体制が変わり、それにともない「武断的」な校風が幅を利かせるようになった。四高本科生として、専攻を数学とも考えたが、哲学を選んで専攻した西田であったが、学校に反発し、行状点不足で落第するはめに陥った。西田は、一九歳にして敢然と中退の道を選ぶ。「何事も独立独行で道を開く」の気概であった。若き日のその心魂は、「我は我なり」と西田哲学を作り上げていった猛者ぶりと通じる。

その頃すでに、鈴木家が経済的に没落したため大拙が、さらに山本が中退していた。西田の生涯の恩師、北条時敬（ときゆき）も四高から東京大学大学院へとおもむき、四高を去っていた。〈北条は、東大大学院から一高教授、さらに山口高等学校、第四高等学校、広島高等師範学校の各校長を歴任の後、東北大学総長、また学習院院長に就任する。山本は、四高中退後大谷中学教員となり、二一歳のとき東大法科選科、のちに文科哲学科で学び、京都や静岡の中学で教員、さらに三高教授兼任で京都大学・学生監となり、ついで学習院教授、武蔵高校校長を歴任した。〉

西田はしかし中退後独学の困難さに気づき、東大の選科に入学することになる。〈大拙も、西田以前に東大の選科生として哲学を専攻していた。しかしあまり学校へは行かず、鎌倉の円覚寺で禅修行に励んでいた。〉本科には、四高を卒業しておらず、入学資格がなかったのである。選科修了だけでは、学士は得られなかった。卒業後金沢に戻り、石川県尋常中学校七尾分校の教諭となる。さらに四高の嘱託講師、山口高校教授、四高教授を務め、一年間のみ学習院の教授就任、その翌年京都大学の助教授に就任した。中学校教諭以降、山口高校も四高も、北条時敬がそれぞれ校長をしていた関係で職を得ることができた。学習院や京大に職を得るにも、友人たちの助力もあった。

一見その歩みは順調であったように見えるが、東大選科入学当時「孟子曰く 天之大人を作（つくら）んと欲せば必ず先ず試るに辛苦を以てすと 不運はこれ余輩（よはい）を試（こころみ）るの試験場なり 大丈夫奮うべし 屈すべからざる也［……］蕃山（ばんざん）の歌に曰く 此（この）上に猶（なお）憂き事のつもれかし限りある身の心ためさん」という書簡〈明治二四年一〇月六日付け〉が残されている。四高教授時代にも「併（しか）し人は外に働き得ざる時は内に働く者なり 自分が思う如き社会上の地位を得ざる時は正に是自己の思想を練り徳を養うの好時機にあらずや 余は此の如く心を定めて静に時を待ち居るなり よし外には何の成す所なきも 自己の完成は人生の最も尚ぶべき大事業にあらずや」と書簡〈明治三九年三月二一日付け〉で述べている。また『善の研究』の元（もと）原稿執筆中のやはり四高在任中、次女幽子を亡くし、四女・五女となる双子の娘の妹の方を生後一か月で亡くしているなかで、「人格修養は頭脳の明不明に関せず凡ての根本に御座候 一日も此の修養を怠るまじく候」という書簡〈明治四一年一月七日〉が残されている。

当時の西田の内面では、社会生活についても、私生活においても、研究に関しても、大きな疾風が吹きあれ、すさび、うねっていた。「自己の完成」や「人格修養」に励むことにおいて、その苦悩を受け止めるほかないと思い定め、「一日もその修養を怠るまじく」と、その日その日を踏みしめ踏みしめ生き抜いていたのである。

一九四七年ごろの日本人の平均寿命は、男性ほぼ五〇歳で、女性は五三歳ばかりである。一九二〇年以前は、男性約四二歳、女性四三歳であった。織田信長が桶狭間の戦いの前に舞い、また本能寺で炎に包まれながら舞ったことで有名になった、幸若舞（こうわかまい）の敦盛（あつもり）の有名な一節、「人間（じんかん）五十年　下天（げてん）のうちをくらぶれば　夢幻（ゆめまぼろし）の如くなり」とうたわれた、「人間（じんかん）というこの世における人生は五十年ばかりである」という言葉は、したがってじつは七〇年ほど近く前まで、長く実感の伴うものであった。この謡のもともとの意味は、天界の時間と比べれば人間の生きる時間は一瞬の如きものという事実を述べたものだが、その語は、せいぜい五〇年で尽きる人間の命ははかない、という意味で聴き取られている。ゴリラやチンパンジーたちの霊長類でも、自然死としてはほぼ五〇年で死んでいくそうである。「人生五十年」は、ごく自然の事柄であった。したがって四〇歳前の当時の西田の心境は、晩年をむかえる前の最終局面での人生のステージに面している、というものであっただろう。俳諧の芭蕉は五〇歳、夏目漱石は四九歳で他界している。

西田四〇歳にして、京大助教授に就任したのは、明治四三年（一九一〇年）であった。翌年『善の研究』が出版される。西田の思索が「西田哲学」と称されるようになったのは、論文「場所」（一九二六年、大正一五年）が発表されてからであった。続いて『働くものから見るものへ』（一九二七年、昭和二年）が出版され、西田は翌年五八歳で京大を定年にて退官する〈定年は六〇歳であったが、西田の父が早く学校に行けるようにと、出生届けの書類に、実際より二年早く生年を書いたため、西田は戸籍上の生年に従って退職した〉。したがって壮大な西田哲学の哲学としての展開は、定年近くにその哲学の決着となる端緒を得てから、退職後の一五年間ほどにおいて果たされたのである。

五〇歳前後でほぼ生殖の機能が止まって死を迎える、というのが、生物学的に見れば、自然の寿命だそうである。人間はその自然を超えて、なお長寿を生きる。昔でももちろん例外的に長生きした人もいたが、現代では大部分の人が長い老後を生きることになる。何のために老後があるのか、という問いの前に多くの人が立つという事態は、人類始まって以来の初めての人間の経験である。老後という時間において、「生死」という事柄の本質に、多くの人が静かに、またあるときは騒がしく、取り組まざるをえない時代に、退職後を西田はどのように生き、その哲学がどのようなものであったかを知ることは、だれにとっても大きな意味をもつことになるはずである。

二　人生の第一義

定年後にあっても、自己の本望を果たす生き方がある。

現代社会のように貨幣経済によって社会が営まれているかぎり、お金を得なければ生活できない。しかしよく考えてみれば、現代のように生活の隅々にまで貨幣が浸透した貨幣経済の社会は、近代以降において出現したものである。物々交換の時代から、貨幣によってすべての物が買われる時代になるということは、物の価値がすべて貨幣に換算される社会になったということである。いわゆる「愛」すらも、貨幣経済の中で生きられるとき、「お金で買える」という側面を持つ。もっともそれを「愛」と呼ぶかどうかということには、また議論の余地があるが、いずれにせよ人間的接触がお金を媒介にして生じることはありうるであろう。すべての価値がお金に換算されるなら、お金を稼ぐことがなくなった定年後は、もはや自分のことを価値のない存在のように感じてしまいがちである。しかし定年後は、かえって物の価値を見直し、生きる意味の再発見が起こりうる。貨幣によって自己の価値を量る見方を、見直さざるをえなくなるからである。

二〇一五年（平成二七年）に死を迎えた落語家の桂米朝が、落語は「最後は人間や」と語ったなかに、ある真理がある。若い頃、奇抜な芸で一世を風靡しても、その後最終的にその落語家のかもす落語の真味を観客に受け入れてもらえるのは、あるいは芸が良いか悪いかは、たんなるテクニックや、時流に乗るとかではなく、その人のもっている、あるいは培ってきた「人間」に、最後は関わる。歳をとればとるほど味が出てくる芸の深みは、その人間の「深味（ふかみ）」なのである。味だから、悪かったり、嫌われたりしては、味わってもらえない。「深味」は、ほんとうの意味で人に受け入れてもらえる味になることで得られる。「最後は人間」と言われたことは、芸人という「人」としての、西田の語った「自己の完成」という事柄と受け止めてもよい。

米朝はまた、師匠の桂米団治から教えられた、芸人であるからには、「末路哀れは覚悟の前（覚悟の上のこと）やで」という言葉を、よく弟子に言ったという。「世間では、あってもなくてもよいようなことに憂き身をやつして、なんら物を生産していないのが芸人だから、幸せな最後を迎えられると考えるな」という意味であろうが、もう少し深くその意味を受け取るなら、お金で価値が量れないような芸の道に生きる者のモットーを言おうとしたと理解できる。物を作って売り買いする貨幣経済社会と異なる人間性の生活にかかわる以上は、またそういう社会で常識とされる価値と異なる「芸の道」に生きるのなら、世間的な生き死にということを基準にしては、芸はまっとうされない。

西田は、『善の研究』の、初版の「序」に、次のように書いている。「思索などする奴は緑の野にあって枯草を食う動物の如し［……］我は哲理を考えるように罰せられているといった哲学者（ヘーゲル）もある」。

この言葉の前半の部分は、ゲーテの『ファウスト』に登場するメフィストフェレスの次の言葉による。「いっときますがね、思案ばかりしている男は、荒野で悪い憑き物にあって、一つところをグルグルまわっている獣ですぜ。まわりにきれいな緑の野があるのに気づかない。」（ゲーテ『ファウスト 第一部』池内紀 訳）ヘーゲルの次の言葉も、よく知られている。「ミネルヴァのふくろうは、黄昏がやってくるとはじめて飛びはじめる。」（『法の哲学』序）「理性的であるものこそ現実的であり、現実的であるものこそ理性的である」のだが、しかしこの「現実」の洞察において、哲学はいつも「来訪が遅すぎる」のである。

「緑の野」は物が豊かに溢れる経済社会を指し、「枯草」はその色彩豊かな物の世界を無色に抽象化してしまう在り方のことであると言ってもよいであろう。「哲理を考える」ことが「枯草」を食べることであるなら、よけいな「考え」をなすことによって、豊かな現実から飛び立ってしまっている、とも言える。しかし続いて西田は、「一たび禁断の果（み）を食った人間には、かかる苦悩のあるのも已（や）むを得ぬ」と書いている。つまり「末路哀れは覚悟の前」ということになる。本当の真理の光に、少しでも射し込まれたら、世間的には余計なことに手を出した「罰」とみなされる苦悩に、来訪が遅いだけにかえって、思索が深い意味を荷電する。枯草を食（は）むなかにこそ、「自己を完成する」真実の人生が潜む。

「自己を完成する」ということから無関係になった哲学は、哲学は客観的な「学」の立場を守らなければならないにしても、「生」において成り立つ「学」の立ち所を、そもそものところから踏み間違えてしまいがちである。しかも「自己を完成する」ということは、哲学という学の特別な在り方ではない。人間として生きるということのなかに、自己を完成するということが芯棒としてあって、その芯棒を重心とする生き方の学的探求が、「哲学」であろう。西田の定年後の歩みは、そのような哲学という事柄の端緒と一（ひと）つながりで、その端緒を「自強不息」に生き続けた証を示している。〈自強」とは、自（みず）からを強める、つまり自己の努力を続けること、「不息」とは「息（や）まず」という意味である。自（おの）ずからな「息（いき＝生）」を強め続けるということは、永遠の命を生きる、という意味にもなる。『易経』の「天行健、君子以自強不息。地勢坤、君子以厚徳戴物」による。「自強不息（じきょうふそく）、厚徳戴物（こうとくたいぶつ）」というように略して使われる。万物を育てる天の力である天行の徳を、自らも徳を厚くするたえまない努力によって得ること（得＝徳）で、自己の内に物を包む（戴物）ことができるようになる、というようにもこの句は解釈できるであろう。〉

いずれにせよ「自己の完成」と言われる「自己」とは、世界から孤立したものではなく、「自己」は、自己が自己と関わり、他者と関わり、自然や社会と関わることのなかにあるのだから、いろいろな問題や苦悩をどのような観点から受け取っていくか、という事柄が「自己の完成」と本質的にかかわる。そのような問題を考える重要な契機は、西田において、自己の人生の出発点で経験した姉の死であり、自己の病であっただろう。

京大に西田が赴任して、「自己の完成」ということを基礎底流とする、個性豊かで優秀な俊才たちがつぎつぎと西田のもとに集まってくる。ことに東京の一高から、東大に進学しないで、京都の西田のもとにやってきた学生たちが出現するようになったことは、西田の考えようとしていることが、人々の注目を集め始めたということではあるが、世間的価値から自由になって、人生の真の価値を何処に見るかということについて西田に共感する者たちが集まってきたということである。主な一高からの入学者は、明治四二年に天野貞祐、大正六年に三木清、大正一〇年に西谷啓治と続く。さらに一高からは、西谷啓治の講演に不思議に心惹かれるものを感じて、上田閑照が第二次世界大戦後京大で学ぶようになる。

西谷啓治が西田のもとで学ぼうと決意したのは、西田の『思索と体験』という本を、偶然題名に惹かれて手に取って、その本の、ことに後半の言葉を「私自身の魂の内面から出たもの」のように感じたことによる。著作のうちで、「自分自身よりももっと自分に近い人」に出会ったのである。なおまだ自分自身でも自覚していない自分の最も深い内面に触れたという体験は、自分の方からその体験を振り払おうとしても、おそらくかなわない。体験の方が、自分から去らないからである。

西谷は、能登半島の宇出津（うしつ）に一九〇〇年に生れた。漁師町に生れただけに、「板子一枚下は地獄」という言葉の意味を、よく理解していた。西田とは三〇年の歳の差がある。明治におけるこの三〇年は決定的な違いをもたらしたようである。明治第一世代と、それに続く世代とには、江戸時代までの伝統日本の文化を身近に体験し得た世代と、最初からヨーロッパの学問を基礎教養にし始めた世代との相違がある。しかし人間が体験することとしては、そういう世代の相違を超えたものがあったことは、言うまでもない。

西谷は、一六歳の時、父親を結核でなくしている。具体的に語ることはなかったが、青春時代の真っただ中である、父を失ったことによって起こる経済問題をはじめ、予想しうるさまざまな問題に直面したようである。しかも西谷自身も軽い結核を患い、一高の試験に落第するという事態を経験する。父も患った死の病に、自分自身も襲われたのだから、「命の自信を根本から動揺させられた」のである。そういう経験から西谷は、「物質的の問題や、さらには世間的な利益や栄達などが、結局人生の第一義ではないということは、人生に対する絶望の気持ちと戦っていた当時の自分の心境から、今もなお動かすべからざる信念となっている」と、五〇歳のおりに書いている。また「その時期に漱石から受けた影響は、次の時期に西田先生から受けた影響と同様に決定的であったと思う」とも述べている。

西田も西谷も、ともに学生時代に死に至り得る病にかかり、世間的な価値の無意味さを思わざるをえなかった。にもかかわらず、両者はそこで落ち込んで自己の内面に沈潜して浮上できなくなるのではなく、前へと進み得た。西田には、明治の第一世代の気概が、前へ向かう勇気を与えたのであろうし、西谷の場合は、夏目漱石が、西田に出会う前に、その力を与えた。まっすぐ文学が心に届くような初々（ういうい）しさが、西谷には晩年まであったように思う。漱石も兄を結核で失っているうえに、漱石自身も初期的な軽度の結核に罹患したことがある。結核におかされていた正岡子規と平気に付き合えたのも、そういう出来事が漱石にあったからだと思う。

右に述べたように西谷は、「偶然に西田先生の或る書物を読んだ」という出来事によって、「自分の一生の方途が決定された」という経験をもった。その出会いを発端として、「自分が生きているという事に何の意味があるのか」という問題について、「自分の首肯できる道が与えられた」と西谷は語っている。「その書物を抜きにしては、従ってまたその著者の存在を抜きにしては、今まで生きて来た自分の生涯というものは考えられず、そもそもまた、現にある如き自分自身というものが考えられない」というほど、その西田との出会いは決定的なものであった。

この出来事について西谷はいくつかの文章で繰り返しふれているが、右記の引用は一九八五年筑摩書房から出版された単行本『西田幾多郎 その人と思想』の「まえがき」からのものである。つまりこの「まえがき」は、西谷八五歳当時、改めて西田との出会いの回想のうちに書かれた、ということになる。八六歳以降、数度にわたって、主に西谷の自宅にて行われたある対話の中で、西谷は「僕は西田先生に習っていたもんだから」という言い回しで語っている場面がある。「学んだ」とか「教えを受けた」という言い方ではなく、九〇歳近くの大老学者が「習った」という表現を用いている所に、西田との出会いの起こった当所を物語る感じがある。

すなわち西田との出会いによって与えられた「一生の方途」とは、人生における処世の道にかかわるものではなく、あらゆる事物にたいする深い懐疑のなかにあっても本質的には青年のような無垢の心に響く、そもそもの生きる意味が問題になる「場」の事柄であった。「そういう疑問の場は哲学以前の場である」と西谷は指摘している。「従ってそこに開かれた道も、先生の哲学思想に出合うという以前に、先生という「人」に出合って、ということだと言えるかも知れぬ」、と続けて述べられている。

西田哲学について、もちろん余人では果たせない西谷の論及が残されているが、その論及に潜む特色は、「人との出会い」という「哲学以前」をふまえて語られている、というところにある。本格的な西田論を西谷は出版していないが、最晩年に西田について述べた論述をまとめて一冊の単行本としたのは、哲学理解の上で、著者の「人」から生じるものを底流にするものもあってよい、あるいはそのことが理解の上で必須の条件になるとも積極的に言える、と考えたからである。「哲学する「人」は、やはり思想のうちに、それの本源の力として自らを表現していると見做さざるを得ない」のである。哲学思想のうちに現われる「哲学以前」は、西谷も言っているように、著者の「心」や「魂」、すなわち「精神」や「生命」というようなものである。「それらは、学としての哲学からは、「哲学以降」であるであろうが、生としての哲学という立場からは、その哲学以降は「哲学以降」である。学としての哲学の枠から食み出た処が、まさに哲学の根源的部分である。それは、哲学する「人」に現われ、「思想」のうちには思想の本源力として、また根源的な主体性という事柄として現われる。主体としての「自己」が思想内容の重要な事柄となるのである」、と西谷は言葉をついでいる。西谷の最初の著作名は『根源的主体性の哲学』であったが、最晩年に西田を思い起こして書かれたこの文章に、「根源的な主体性」という表現が用いられていることに、深くて静かな思いにさそわれる。

さて西田との出会いは、西谷のばあい、先に述べたように「哲学以前」のものであったが、しかしおのずからそれは「哲学以前」、すなわち哲学がそこから生じてくる哲学の初めにして根源ともなるものであった。西谷において「哲学以前」は、また、「哲学以降」とも重なる性質のものである。そもそも西田の『善の研究』における「純粋経験」は、やはり「思惟以前」でありながら思惟の「本源力」ともなり、「思惟以降」に通じる。

『思索と体験』の前半の純粋に哲学的な論文は、今までそのような文章を読んだことがなかったわけだから、とうぜん「それらはどうにも歯が立た」なかった、と西谷は語っている。しかし「後半にある随想的な色々の文章には、深く打たれた」とも率直に述べている。西田の「思索と体験」を、「私自身の魂の内面から出たもの」と感じ、自分自身に出会ったと思わせた、『思索と体験』の随想的な文章の一つは、おそらく「『国文学史講和』の序」であった。

『思索と体験』に収められている文章は、明治四四年（一九一一年）から大正六年（一九一七年）までに書かれたものである。それらは、『善の研究』出版以降、「余の思索に於ける悪戦苦闘のドキュメント」と西田が言った『自覚に於ける直観と反省』出版直前までのものである。西谷の心に響き入ったものは、その「思索に於ける悪戦苦闘」の起こるところにふれたものであったと思われる。

『国文学史講話』（明治四一年出版）は、「加賀の三太郎」の一人、さきにも紹介した藤岡作太郎（号は「東圃（とうほ）」、四高さらに東大を卒業、三高教授の後、東大助教授、西田の『善の研究』出版（明治四四年、一九一一年）前年に死亡）の著作で、藤岡が西田に、その著作の「序」を依頼したことにより書かれた文章である。

藤岡がその娘を失ったのは、明治三九年であった。「心強き人はいざ知らず、余の如き多感なる弱き心には誠に too heavy burden（余りの重荷）」であった弟の死（旅順にて明治三七年戦死）を西田は思いながら、「力を尽くして慰めた」ところが、さきにも述べたように西田自身が五歳の幽子（明治四〇年没）を、さらには生れたばかりで生後一か月であった五女愛子を同年に失って、かえって藤岡に慰められることになった。悲しい経験を、同じくしたのである。そのような二人であったが、西田が用事があって東京に出たおり、一週間藤岡宅に滞在、「積る話はそれからそれと尽きなかった」にもかかわらず、子を失ったことは「面と相向（あいむこ）うては何の話も出」なかった。しかし別れ際、藤岡は「亡児の終焉記」を見せ、『国文学史講話』を「亡児の記念としたい」旨を伝え、西田に序文を依頼したのであった。

序文冒頭から、西田はその叙述内容にふれないで、藤岡が亡くした幼き初めての子供、「光子」のことから書き始め、子を失った親の悲しみを、悲しみそのものの深みにまで追っている。そうすることが、この本へのはなむけでもあり、東圃の気持ちにもっとも応えることだと考えたのであろう。そういう振る舞いに、西田的な心の動き方が、よく出ている。

西田は「藤岡」という姓を使わないで、冒頭に「東圃」という号を用いて語っている。その理由は、著書を東圃名で発表していたこともあろうが、生物学的な生まれを背負った藤岡ではなく、「一人格」として新たに生まれ出たところでの、しかもプライベートな付き合いを共にした個人の「人（にん）」との交流であったからであろう。

そのような交流が、著作の序文であるにもかかわらず、次のような問いをその文中の終わりの方で、西田に率直に問わしめている。「今まで愛らしく話したり、歌ったり、遊んだりしていた者が忽（たちま）ち消えて壺中（こちゅう）の白骨となるというのは、如何なる訳であろうか。もし人生はこれまでのものであるというならば、人生ほどつまらぬものはない、此処（ここ）には深き意味がなくてはならぬ。」人生の何ほどかを経験することもなく、幼くして天に召された者たちの生の意義とはどこに見出せるのか。小さな棺桶を見送った胸の痛みが、西谷のいう「人生の第一義」を求めしめる。

三　内から働く運命と悲哀

子を失った嘆きを、西田は次のように綴っている。長いが引用する。

「亡き我児（わがこ）の可愛いというのは何の理由もない、ただわけもなく可愛いのである、甘いものは甘い、辛いものは辛いというの外にない。これまでにして亡くしたのは惜しかろうといって、悔んでくれる人もある、しかしこういう意味で惜しいというのではない。女の子でよかったとか、外（ほか）に子供もあるからなどといって、慰めてくれる人もある、しかしこういうことで慰められようもない。ドストエフスキーが愛児を失った時、また子供ができるだろうといって慰めた人があった、氏はこれに答えて“How can I love another Child? What I want is Sonia.”〈筆者訳：いかにして（ソーニャとは違う）別の子を（ソーニャのように）愛することができようか。私の望みはソーニャなのだ〉といったということがある。親の愛は実に純粋である、その間一毫（いちごう）も利害得失の念を挟む余地はない。ただ亡児の俤（おもかげ）を思い出（い）ずるにつれて、無限に懐かしく、可愛（かわい）そうで、どうにかして生きていてくれればよかったと思うのみである。若きも老いたるも死ぬるは人生の常である、死んだのは我子ばかりでないと思えば、理においては少しも悲しむべき所はない。

しかし人生の常事であっても、悲しいことは悲しい、飢渇は人間の自然であっても、飢渇は飢渇である。人は死んだ者はいかにいっても還らぬから、諦めよ、忘れよという、しかしこれが親に取っては堪え難き苦痛である。時は凡ての傷を癒（い）やすというのは自然の恵（めぐみ）であって、一方より見れば大切なことかも知らぬが、一方より見れば人間の不人情である。何とかして忘れたくない、何か記念を残してやりたい、せめて我一生だけは思い出してやりたいというのが親の誠である。昔、君と机を並べてワシントン・アービングの『スケッチブック』を読んだ時、他の心の疵（きず）や、苦みはこれを忘れ、これを治せんことを欲するが、独り死別という心の疵は人目をさけてもこれを温め、これを抱かんことを欲するというような語があった、今まことにこの語が思い合されるのである。折にふれ物に感じて思い出すのが、せめてもの慰藉（いしゃ）である、死者に対しての心づくしである。この悲（かなしみ）は苦痛といえば誠に苦痛であろう、しかし親はこの苦痛の去ることを欲せぬのである。」

「『国文学史講話』の序」には、「悲哀」という言葉が、文庫本でほぼ七ページほどの分量の文章の中で、七度出てくる。しかもほとんどが、人を、我が子を、失った悲しみの気持ちを表す言葉として使われている。「物には皆値段がある、独り人間は値段以上である」、その「人間の絶対的価値ということが、己が子を失うたような場合に最も痛切に感ぜられる」のである。「人情といえば、たとい小なりとはいえ、親が子を思うより痛切なるものはな」く、「学問も事業も究竟（くっきょう）の目的は人情のためにするのである」、と西田は溢れる悲しみをこめて語りかけている。

「いかなる英雄も赤子も死に対しては何らの意味も有たない」、つまり誰であろうが死の前には空しい存在である。それにもかかわらず、一切のこの世の罪悪、汚辱、悲哀に触れることなく、父母の膝の上で永遠の眠りについたと考えれば、「非常に美しい感じがする、花束を散らしたような詩的一生であったとも思われる」と西田は、悲哀の中に染み透ってくるような微香を放つ、散らされた花に思いを向ける。

子にとって「懐かしかった親が心に刻める深き記念、骨にも徹する痛切なる悲哀は寂しき死をも慰め得て余りあるとも思う」と、骨身に徹した悲哀がかえって「悲むものも悲まれるもの」にも、ともに慰みをもたらすものとなる不可思議な事態が、この文章の最後で語られる。「運命は外から働くばかりでなく内からも働く。我々の過失の背後には、不可思議の力が支配しているようである、後悔の念の起るのは自己の力を信じすぎるからである」と文章は続く。「我々の過失」とは、生きているうちにああしてやればよかったとか、こうすれば命を保てたとかの「やる瀬なき悲哀悔恨」をさす。「内からも働く運命」とは、悲哀の中に置かれずにおかない心の動きが、自己を超えたものの動きとなることである。己の力では抜きようがない、骨身に徹する悲哀が、「深く自己の無力なるを知り、己を棄てて絶大の力に帰依する」ところに導く。そういう心の動きを、西田は『歎異抄』の親鸞に見出している。親鸞の宗教性に「無限の新生命に接することができる」という言葉で、この「序」文を結んでいる。悲哀の中にある死者の内に、かえって「無限の新生命」を見出すことなしには、悲哀の行方は虚無の中にさまようだけである。

死者を心の中から去らしめない、「何とかして忘れたくない」と心にとどめ続ける、子を失った悲哀を「人目をさけてもこれを温め、これを抱かんことを欲する」ということは、執着心であって、むしろそういう心を棄てるべきだ、としばしば語られる。しかし西田は逆に、むしろそういう心の動きの底に下りなければ悲しみは慰藉されない、と言うのである。悲哀は悲哀によってしか、抜き去られない。藤岡の「亡児の終焉記」の中に、おそらく「この苦痛の去ることを欲せぬのである」というのと同じ思いを西田は見出して、驚いている。「人心の誠はかくまでも同じきものかとつくづく感じた。誰か人心に定法なしという、同じ盤上に、同じ球を、同じ方向に突けば、同一の行路をたどるごとくに、余の心は君の心の如く動いたのである。」

二〇一一年に起こった東日本大震災のおり、当時一八歳であったある女性は、祖母と逃げる途中、波に足を取られてつないだ手を離してしまった。彼女は逃げのびたが、祖母は行方不明のままである。手を離してしまったことへの悔いは、その後も消えない。しかし「この痛み、一生消えてほしくないんです。ばあちゃんとずっと一緒にいる感覚というか……」と、語っている。西田が子を失って百年近く経った後でも、二十歳前後の若者の心は、西田と同じく、忘れないで持ち続ける悲哀の行路（こうろ）をたどっているのである。

また当時一五歳であった別の少女は、やはり津波で母、祖母、曾祖母を失っている。濁流にのまれて気づくと、がれきの山の上にいた。足元から彼女の名を呼ぶ母の声が聞こえた。母は、釘や木が刺さり、足は折れ、がれきに埋まっていた。がれきは大きく重く、彼女には取り除けなかった。ここにいたら自分も死んでしまうと思った彼女は、近くの小学校へ一人泳いで逃げた。母は別れぎわ、「行かないで」と言ったが、彼女は「ありがとう、だいすきだよ」と伝えて小学校へ向かった。このような体験はおそらく秘めたままにしておきたいだろう、と想像される。しかし彼女は、何十回もその経験を語り続けている。心の内には、悲哀を背負い続けざるをえない思いが働いているのであろう。その思いは、たんなる後悔と悔恨だけから起っているとは思えない。人前で語り続けるのは、悲哀を懐き続けることが、かえって彼女を前に進ませるものを彼女の中に懐胎せしめるからではないだろうか。

ところで漱石にも子を失った経験がある。漱石には七人の子がいた。一八九九年五月に長女である筆子、二年後の一九〇一年一月には次女の恒子、一九〇三年一〇月に三女の栄子、一九〇五年一二月には四女の愛子と、立て続けに女の子ばかりを得た。一九〇七年六月には夏目家待望の長男である純一を得る。翌年の一九〇八年一二月に次男の伸六が生まれ、一九一〇年三月に、雛の節句の前日に生れたので雛子と名づけられた五女が生まれた。この娘を漱石は、二歳にして失っている。

末っ子の女の子を漱石は、ことのほか可愛がっていたようである。漱石の妻、鏡子は、『漱石の思い出』のなかで、雛子について、「知恵も早く、非常なおしゃまっ子でございました。一年半もたったこの年の秋ごろには、よちよち遊んでいては、自分も見よう見まねで猫の墓にお水を上げにいって、ついでに自分もその水を飲んでしまうという按配（あんばい）でちっとも目が離せません。」と述べている。この子が突然食事中にひきつけを起こして急死してしまう。原因は不明であった。

漱石は『彼岸過ぎまで』という小説に、「此書を 亡児雛子と 亡友三山の 霊に捧ぐ」と記している。「三山」とは、池辺三山のことで、朝日新聞の主筆、漱石を専属小説家として採用した人物である。

作品中に、松本の五女・宵子として登場して、わずか二歳で突然死してしまう女の子のモデルが、雛子である。おそらく事実そのままに、死の前後の様子が、「雨の降る日」という章に描かれている。この章の最後は、「車の上で、切なさの少し減った今よりも、苦しい位悲しかった昨日一昨日の気分の方が、清くて美しい物を多量に含んでいたらしく考えて、其時味わった痛烈な悲哀を却って恋しく思った」と、宵子を可愛がっていた千代子の回想に、漱石自身の心境を重ねて描かれている。「其時味わった痛烈な悲哀」と「悲哀」という言葉が使われ、その悲哀には、「清くて美しい物」が多量にあって、だからかえってその「悲哀」を「恋しく思う」のは、『硝子戸の中』で「死は生よりも尊（とお）とい」と書いたことにつながる。悲しくて、つらくて、取り返しがつかない、動かし難い「死」という出来事には、たんなる否定性を超えたものが潜む。漱石も、子を失った悲哀にこそ、かえって子の悲哀を救うものがあると考えていたのだと思う。

ちなみに西田には子が八人（男子二人、女子六人）いた。しかし生前に五人を失った。最初の妻にも先立たれている。先に述べたように、姉や弟も失った経験があった。西田三七歳（明治四〇年）のときに次女幽子と五女愛子、五〇歳（大正九年）のときに長男謙、四女友子を七一歳（昭和一六年）、七五歳で自身も亡くなる四か月前に長女弥生を（昭和二〇年）失った。弥生の死について、ある書簡（昭和二〇年二月二五日）の中で次のように西田は述べている。「弥生の事は何としても思い出され無限の寂しさと深き悲哀に沈んで居ります　私も七人の子供を持ちましたがもはや四人は私に先立って逝き　あと三人になりました　幽子の死にはじめて子を失いし悲哀を味い　弥生の死に子に先立たれし老人の悲哀を知りました　どうか残る三人相親しみ相助け共に美しき情愛の生涯を送って下さい　私はもう年老いて何もできませぬ　又何時死んでもよい　唯　わたしでなければならぬとおもう仕事が多く残り居りこれだけはできるだけして置いて後世にのこしたいとおもい居ります」〈弥生もいれて、先立った子が五人、残されたのは外彦、静子、梅子の三人であった〉。

四　「ライフ」の「事実」と「哲学」

西田幾多郎が一冊の本として世に出そうと考えた著作『善の研究』の、西田が考えていた最初の書名は、「純粋経験と実在」であった。『善の研究』（岩波文庫）の解説に藤田正勝が、西田の書簡に基づいて、おそらく出版の斡旋を依頼された紀平正美（きひらただよし）の提案による書名変更であった、という推測を述べている。その提案はまた出版社に促されたものであったかもしれない。

「実在」という翻訳語が、明治の時代にどれくらい一般に理解されていたかは不明だが、少なくとも字面をみただけで、「真実の存在」という意味ではほぼ受け取られたであろう。しかし「純粋経験」は、一部の者には知られていたにしても、一般の用語ではなく、その内容は心理学の分野の研究者、W. ジェームスが参考にされており、哲学専攻の人々にとってすら、本の内容を分かりやすく示すには不向きである、と考えられたのであろう。

明治に西洋文明が、怒濤のように流入してきた。その文明は、欧米の言語、なかんずく英語を通して受け入れられた。ヨーロッパの近代自然科学の基礎となる「数学」と、ヨーロッパ文明・文化を受容するための「英語」を学校の「主要科目」とする体制は、現代でも変わっていない。もっとも英語は受容するための言語ではなく、発信するための道具へと、その意味あいの重点は変化しつつあるにしても、世界とのかかわりの窓口ということで重視されている点は変わりない。英語教育が重視されても、当時ではそれは限られた一部の人間に対してだけであったから、欧米文明が一般に広く受け取られるためには、日本語に翻訳される必要がある。現在私たちが使っている日本語の語彙の大部分は、明治に翻訳された翻訳日本語なのである。単語のみならず、新しい日本語の文章も、翻訳によって生み出されていった。漱石の「吾輩は猫である」（〜は〜である）という日本語の書名も、翻訳日本語で、内容の面白さだけでなく、この日本語の斬新さが当時の一般の人々をひきつけたのであった。

そのような状況のなかで、明治四四年（一九一一年）、明治末の出版であったにせよ、「実在」ももちろん、「純粋」も「経験」も、明治の新しい翻訳語であったのだから、書名から類推される内容の問題はもとより、また学術用語であるという以前に、言葉としての普及度から、書名に使用することへの躊躇があったかもしれない。

主観の側にある「経験」が、客観的存在である「実在」とどのように関わるのかということが、

『善の研究』の問題である。あらゆる経験を有らしめている中核を「純粋経験」と呼んで、それによって主客両者の「二」ではなく「一」が成り立っており、その「一」こそが「実在」である、ということを示すことが主題であった。したがって内容的には西田が初めに考えていた「純粋経験と実在」の書名の方が適切であったと思われるが、人生の問題を意味する「宗教」が最後の章に付け加えられたことを考えれば、「善の研究」でも、あるいはそのほうが書名として意を尽くしているという見方もできるであろう。哲学の専門書という観点だけなら、前者の書名の方がふさわしい。しかし後者の書名を受け入れた西田の気持ちには、「哲学」という事柄への考え方と思いがあった。探求の書であるから「研究」という語があるのだが、しかしそれは「善」の研究である。西田の思いを推しはかる手がかりは、この「善」という言葉の意味合いにある。

西田が書名変更を受け入れたのは、『善の研究』の序文に「この書を特に「善の研究」と名づけた訳（わけ）は、哲学的研究がその前半を占め居るにも拘らず、人生の問題が中心であり、終結であると考えた故である」とあるように、哲学的研究の中心が、「人生の問題」を終結とすると考えたからである。

この序文の文章の前に、西田はこの書の概要を述べている。『善の研究』は、四編構成である。まず第二編「実在」が書かれ、続いて第三編「善」、さらに第一編「純粋経験」および第四編「宗教」と付加されて完成した。第一編は「余の思想の根柢」、第二編は「余の哲学的思想」がそれぞれ述べられ、第三編は第二編の考えを基礎にして「善を論じた」、第四編は「余が、かねて哲学の終結と考えて居る宗教について余の考を述べた」、その内容は不完全であるにしろ、「とにかくこれにて余が云おうと思うて居ることの終にまで達した」と西田は回顧している。そしてさきに引いた、「善の研究」と名づけた訳（わけ）が説明される文章が続く。

哲学の終結の事柄は人生の問題であると言い、宗教は哲学の終結と述べられている。哲学に問わざるを得ない人生の問題は哲学以前の問題でもあるが、その人生の問題は哲学を経過して深められ、哲学以降の宗教において、人生の問題は「終にまで達した」ことになる。そのように考えれば、哲学以前、哲学、哲学以降は、「人生の問題」に貫通されている。しかし重要なことは、理論的に人生の問題を理解し、論理的に解決の方途を見出すということだけではないということである。

明治三五年の日記の次の言葉は、よく知られている、「学問は畢竟（ひっきょう）life の為なり、life が第一等の事なり。Life なき学問は無用なり」。ここで「life」と言われていることは、「人生の問題」と言いかえてもよいが、同じころの大拙宛ての書簡で「パンや水の成分を分析し説明」するのではなく「パンや水の味をとく」ことが必要だと述べている。経験や事実において人生をつかみ、語るという仕方のなかで、人生の問題は考えられている。

そういう仕方で考えられた人生における「善」とは、倫理的な善よりももっと広い意味で見られている。プラトンが『クリトン』において、ソクラテスに語らせた「大切なのは、単に生きることではなく、よりよく生きることだ」という意味での、人生において「より善く」あることに通じる「善」

である。

藤田の解説に、『善の研究』諸編の成立過程が詳しく記されている。四高の学生に向けての講義草稿が、第二編、第三編の元となった原稿であった。それら講義草稿は印刷されて（明治三九年および四〇年）、講義理解のために四高の学生が手にしたし、またそれを西田は友人や研究者に送り、それが機縁となって「哲学会」の『哲学雑誌』にも、「実在に就（つ）いて」というタイトルで掲載された（明治四〇年）。明治四一年一月三日の日記には「余は之（これ）より「実在と人生」という書を書いて見よう」と思い、その書の始めの部分を考えた、とある。それは、すでに書かれた「実在」についての考えを基礎にして展開し、「五、六十頁の物」にする予定であった。最終的にはその年の八月に、「純粋経験と思惟、意志、及び知的直観」というタイトルで『哲学雑誌』に発表された。これが、『善の研究』第一編となった。自己の哲学思想の概要を書き上げて、その内容を踏まえて新たに「実在と人生」という著作名で一書を作成し、すぐにも世に出そうと考えていたが、「病と種々の事情とに妨げられ」、けっきょく「純粋経験と思惟、意志、及び知的直観」という原稿が発表された。

その年の一〇月以降、第四編の「宗教論」も執筆が始まり、翌年五月〈「宗教的要求」「宗教の本質」「神」が掲載される〉と七月〈「神と世界」が掲載される〉、『丁酉（ていゆう）倫理会 倫理講演集』に発表された雑誌論文が、第四編の元となっている。なお第四編第五章「知と愛」は、明治四〇年八月、清沢満之（きよざわ まんし）の創刊した雑誌『精神界』に発表された原稿である。

『善の研究』は、明治三五年頃から構想され、明治四二年に全体が整うまで、ほぼ七年ばかりの時間のなかで作成された論考の集成であったということになる。坐禅修行に打ち込む中で、その七年間は、ことに執筆中は、さきにも述べたが、明治四〇年気管支炎を患った幽子を看病の末に失い、自身も肋膜炎を患っている中で、さらに生まれたばかりの幼児、愛子を亡くすという悲惨な人生経験の渦中にあった。

第一編「純粋経験」の最後に、西田は次のように述べている。「真の宗教的覚悟とは思惟に基づける抽象的知識でもない、また単に盲目的感情でもない、知識および意志の根柢に横われる深遠な統一を自得するのである、即ち一種の知的直観である、深き生命の捕捉である。［……］凡ての宗教の本にはこの根本的直覚がなければならぬと思う。学問道徳の本には宗教がなければならぬ」。

『善の研究』の本文は、「経験するというのは事実其儘（そのまま）に知るの意である」という文章から始まる。「事実其儘」にあるものとは、「知識および意志の根柢に横われる深遠な統一」のことと理解してよいであろう。それを知るとは、たんに頭で理解することではなく「自得」することと言われる。「自得」とはすなわち「自分の力で理解し、会得すること」だから、「経験」的に知ることである。そのことは、「深き生命の捕捉」となる「根本的的直覚」と言いかえられる。宗教の「本（もと）」、つまり「根本」にはこの直覚があり、その直覚が「学問道徳の本」となる、とされる。「知的直観」とか「根本的直覚」と言われるのは、「事実其儘を知る」のではなく、「事実其儘に知る」という「知」が主要事だからである。

「実在と人生」という題名を考えていた第一編の実際の内容は、「余の思想の根柢」というものになったが、念頭にあった問題意識は、ほんとうに人が生きることとなる「人生の根柢」であったことを、その最初の予定の書名は示している。だから「思想の根柢」には、「人生」と「哲学」と「宗教」が一つに織り込まれている。ということは、人間の実存と哲学思想と形而上学が一つに見られる「深遠な統一」の元にある「純粋経験」の事実性の内に内属している「知」を求めることが、西田の思索の事柄であった、ということである。その知はだから、「純粋経験の自覚」と言ってよい。人生の問題の解決は、「宗教的覚悟」、すなわち生きることの根本を自得して覚り、悟ること、によってなされ、そのような知（すなわち「覚」）を哲学とは究極的には求めるもの、と西田は考えている。

　人生の問題は理論的理解を得ただけでは、埒が明かない。人生の実際、あるいは事実に食い込んで問題が明（あか）らめられるのである。つまり、埒が明く。哲学もそのように事実に埒を明けるものでなければ、生きる力にならない。真に生きることを意味する宗教は、人生の事実的直覚の中にある。「人生と哲学と宗教」の「根柢」である「事実其物」に埒を明けることを、「事実其物の儘（まま）に」知るところへともたらすことが、西田における哲学の試みとなる。そのまま「に」知るという知は、「そのままに」という副詞がついた「知」、そういう有り方にある「知」であり、哲学の根柢的思索を支える。

五　「知即愛」として働く「純粋経験」とアウグスティヌス

さきに述べたように、第一編は当初「実在と人生」というタイトルが構想されていた。つまり明確に「人生」との関連が第一編の論述を導いていた、と想定される。「人生」は、西田においては「宗教」の問題であった。「純粋経験」という事実に内在する「宗教」という問題を述べることで、「余が云おうと思うて居ることの終まで達」するのである。この第一編の次に第四編が書かれた。その間に、「知と愛」が叙述されたのである。つまり「思想の根柢と宗教」の間の「と」にあたるもの、つまり両者をつなぐものが、著作順序に注目すれば、「知と愛」という事柄であったと位置づけられるであろう。

『善の研究』によれば、「知と愛」が同一の精神作用と考えられるのは、いずれも「主客合一の作用」だからである。しかも「我々が自己の好む所に熱中する時はほとんど無意識である。自己を忘れ、ただ自己以上の不可思議力が独り堂々として働いて居る。この時が主もなく客もなく、真の主客合一である。この時が知即愛、愛即知である」（改版『善の研究』二六一頁）、と言われる。すなわち「真の主客合一」である純粋経験は、「知即愛、愛即知」という仕方で動くものとされるのである。さらに知と愛の関係を「宗教上の事に当てはめて考えて」みれば、「主観は自力である、客観は他力である。

我々が物を知り物を愛すというのは自力をすてて他力の信仰に入る謂である」（同書、二六二頁）、ということになる。

このように哲学の終結である宗教への開けは、西田においては、「知と愛」から通じる。執筆の過程では哲学思想と宗教との間となった「知と愛」は、著書『善の研究』の最後の章となった。『善の研究』以降に、西田哲学の本格的な哲学展開が開始される。哲学と宗教とをつなぐ「知と愛」が『善の研究』の最後のテーマとしておかれたということは、ここから改めて西田哲学が哲学として始動していくということである。純粋経験は、「知即愛、愛即知」として、西田「哲学」の根柢として貫かれていくことになる。

「知即愛」において「事実其の物の儘（まま）に知る」ということが、開ける。その「事実其の儘に知る」は、後の西田の表現では、「ものとなって知る」ことである。純粋経験が「事実其儘に知る」という働きであり、その働きをどこまでも深めて行くことが西田哲学であったことを、この両者の表現の相応が端的に示している。ただしその「知る」ことの哲学的解明が、西田哲学を哲学として動かして行くのである。

「知と愛」について、『善の研究』ではさらに「他を愛するには一種の直覚が基」（改版『善の研究』、二六二頁）となる、と西田は述べている。この「直覚」は、「知・情・意」に分けられた「知」ではなく、「知情意」の全体が「知」として現れたものである。「知即愛」の「知」であるから、「知と愛」

の「知」は、「情意（愛）」に通じる「知」なのである、ということに注目しておかなければならない。後にも、次のように述べられる。「アウグスチヌスが知られない自己を愛するということはできぬ〔……〕と云うが、か丶る意味に於て知るということは知識的に知るということではない」（「一般者の自己限定」、V-四〇五～六、今後ともローマ数字は旧全集の巻数、アラビア数字はそのページ数を示す）のである。

したがって「知即愛」とは、知は他者との合一を求めるところから動き始める、愛から始まる、ということである。禅宗等でなされる「誓願」は、自己救済をねがう「煩悩無尽誓願断」からではなく、他者救済を欣求（ごんぐ）する「衆生無辺誓願度」から始まることと、愛から知が始まることとは、深くは根柢を一つとする。哲学はこのような「知」において「愛」を realize する試みとなる。

また「愛即知」となる「知」は、対象を自己と等しい一個の自由な存在者として知る、すなわち他者を「人格的」に知る「知」である。「人格的」に「知」る「愛」は、「宇宙実在の本体は人格的の者であるとすると、愛は実在の本体を捕捉する力である。物の最も深い知識である。」（同書、二六二頁）ということになる。「知即愛」の「愛」は、「実在の本体を捕捉する力」となる「知」なのである。

このような「知」の理解を導いた「知と愛」は、すでにふれたようにアウグスティヌスに由来する。さきの西田からの引用文にあったように、たとえばアウグスティヌスは『三位一体論』第八巻第四章において、「しかし、誰が知らないものを愛するであろうか」（中沢宣夫訳、東京大学出版会、一九七五年）と言っている。

アウグスティヌスは、西田がその著作の中で名を挙げている者のうち最も多く言及される一人であり、すでに『善の研究』において四度名をあげられる。『無の自覚的限定』において最も多く言及され、ついで論文「場所」を含む『働くものから見るものへ』に多い。つまり第二番目に多く言及されるのは、西田哲学の原理が形成される渦中の論述においてであり、田辺元の西田批判を受けて、その後に書かれた著書に最も多く名が挙げられ、しかも人生最後の完成論文「場所的論理と宗教的世界観」にいたるまで取り上げられる。つまり一貫して思索の圏内にアウグスティヌスが見られていて、自己の立場を確立しさらに展開し続けていく時にもアウグスティヌスと、思索の過程において沈黙の内に対話していたと考えられる。自己の考えを述べながらの、「アウグスチヌスの如く」「アウグスティヌスも」「アウグスティヌスは」「アウグスティヌスが」という言い振りに、そのことがうかがえる。しかし膨大なアウグスティヌスの著作を読んで、そこからの引用と突き合わせながらの真正面きっての言及ではなく、主に『告白』から時間論、『三位一体』から自愛の問題が、繰り返し言及され、それらの問題が自己の立場で受け取り直され、そこから再解釈されるという経過をたどる仕方で取り上げられる。

文章のタイトルに直接アウグスティヌスが登場するのは、昭和三（一九二八）年七月に発表された「アウグスチヌスの自覚」である。京都大学を八月に定年退職するにあたり、同年二月には最終講義を行っているから、この文章は、退職以前と退職以降の間に書かれたものということになる。大正一五年（一九二六年、昭和元年）に、論文「場所」が世に出て、翌年の昭和二年『働くものから見るものへ』が出版され、その翌年定年退職、ついで昭和五年『一般者の自覚的体系』、昭和七年『無の自覚的限定』、昭和八年『哲学の根本問題』へと西田哲学が形成されていくその間の昭和三年に、「アウグスチヌスの自覚」が書かれた。『善の研究』以降の発端がアウグスティヌスの「知と愛」であったように、退職後以降の西田の展開も、「知と愛」の根柢である「自覚」をアウグスティヌスに問い直すことによって立ち位置を再確認することから始められた、という見方も可能であろう。

「アウグスチヌスの自覚」において西田は、アウグスティヌスの『Soliloquia（独白）』からの引用によって、「アウグスチヌスは単に私が存在するという事を疑うべからざる事実としているのみでなく、私が生きるということを疑うべからざる事実としているのである［……］而して生きるのは知る為に生きるのである。自己の真の生命は自己自身を知る意志にあるのである」（『続 思索と体験』、岩波文庫、一九八〇年、一二八頁）と述べる。さらに『神の国』第一一巻二六章からの要約的引用をしているが、次はその箇所の岩波文庫訳による逐語訳である。「私が存在し、私がそれを知り、愛するということはわたしにとってもっとも確実である。これらの真理に関しては、わたしは、アカデミア派の「あなたが欺かれるなら、どうか」という反論を恐れない。わたしが欺かれるならわたしは存在するからである。［……］たとえ、わたしが欺かれても、その欺かれる私は存在するはずであるから、わたしは、わたしが存在することを知ることに関して欺かれないことは疑いない。したがって、わたしは、わたしが知るということを、知ることに関しても欺かれないといわねばならない。わたしは、わたしが存在するということを知るように、わたしが知るということを知るからである。そして、わたしがこれら二つを愛するとき、わたしはこの愛をもわたしが知る二つのものに、それらに劣らず大切な第三のものとして付け加える」（服部栄次郎訳『神の国（三）』、岩波文庫、一九八三年、七〇～七一頁）。さらに改行して次のような次章の最後の文章を、西田は前の引用文の一部のように引用している。「わたしたちはそれ〈筆者注：身体の感覚〉よりもはるかにすぐれた内的人間の感覚をもっていて〔……〕この感覚において、わたしが存在するということとこのことを知るということを知り、これら二つのことを愛し、そして、わたしが愛するということをも同じようにたしかに知るのである」（同書、七四頁）。

私は「存在」を「知」り、「愛」する。そのことの確かさは、愛において存在を知ることを知っている、つまり「知の知」（つまり「自覚」）に基づく。この「知の知」を西田は、「内的人間の感覚」、「内的直覚」と言い、「自覚」と呼んでいる。存在と知と愛が、自覚において一体となる。「存在」（神）と「知」（言葉となった、子としての神）と「愛」（聖霊の働き）の三者が、それらを「知る」つまり「直覚」することにおいて一体となるのは、神の「三位一体」にもとづくということを手がかりとして、「自覚」の最深の根拠を西田は見出す。

「存在」と「知」と「愛」の三位一体は、神の三位一体の「似像」である。西田は「似像」を「影像」と表記しているが、「影」像であっても、神における「一体」に通じていくことができるのは、神は「私のもっとも内なるところよりもっと内にましまし、私のもっと高きところよりもっと高きにいら」（山田晶訳『アウグスティヌス 告白 世界の名著一四』中央公論社、一九六八年、第三巻第六章、一一六頁、以降『告白』からの引用がつづくのでアラビア数字の巻数と章数のみ示す）れるからである。『善の研究』において、アウグスティヌスにもふれながら、「最深なる内生に由って神に到る」というベーメの言葉が引用されている。そこに至る道は、不安が病にまで高まった（一〇-三三）「自分自身が、自分にとって大きな謎とな」（四-四）るところから始まる。

「あなたは私たちを、ご自身に向けてお造りになりました。ですから私たちの心は、あなたのうちに憩うまで、安らぎを得ることができない」（一-一）、というアウグスティヌスからの引用は、「予定調和を手引きとして宗教哲学へ」において、次のように受け取られていく。「絶対現在の自己限定として現在が現在自身を限定する所に世界が始まり、映すものが映されるもの、映されるものが映すものとして、知と意〈筆者注：この「意」は「愛」といってもよい〉とが結合する所に、自己が始まるのである。世界が成立する所に自己が成立し、自己が成立する所に世界が成立するのである。故に我々の自己の自覚は即ち世界の自己表現であり、世界の自己表現は即ち我々の自己の自覚である。此に我々の永遠の生命がある［……］宗教とは、かゝる生命の要求でなければならない、即ち人間の真の自覚の要求でなければならない。故にアウグスチヌスは、汝は我々を汝に向けて造り給い、我々の心は汝の中に休らうまで安んじないと云う。［……］我々の自己が自己の自覚の底に、かかる矛盾的自己同一に着眼した時、宗教的であるのである。故に宗教に入るには、何等かの途に於て一度矛盾的自己同一に撞着せなければならない。併し一旦自己の真に徹した時、それは神の呼声であったのである。そこからは学問も道徳も宗教的である、否、着衣喫飯、皆宗教的ならざるはない。宗教は自己の問題である。」（XI-一三三〜四）

この叙述には、最終的な西田哲学が語られているが、以下の章でこの最終点にまでたどってゆきたい。ここで確認しておきたいことは、自己の自己矛盾の問題の解決は、「もしも神のうちにとどまらないならば、私は自分自身のうちにとどまることすらできなくなる」（七-一〇）ことの自覚にある。悲哀を理解する鍵もここにある。謎となった自己の内に見出される自己の根底、すなわち自覚の底には、「汝」の呼び声という仕方で「絶対の汝」が住む。

「知と愛」、ここで言いかえれば「悲哀と自覚」は、哲学と宗教にわたる心の働きであるが、哲学の底において求められ、自覚の根柢にさぐられていったのである。そういう自覚への通路であり、自覚の場ともなるものが、「悲哀」であったと言ってよいであろう。

そこで、「自覚」とか「悲哀」ということをめぐって、さらに考察を続けていこう。

第二章 「意識」と「経験」

一 「経験」ということ

西田幾多郎が「哲学研究」に取り組み、その哲学の根本原理を、『善の研究』における、たんに「経験」ではなく「純粋経験」に見定めたことは、よく知られたことである。しかし改めて「純粋経験」とはいかなるものであり、それが哲学の原理となるということはどういう意味のことか、また「純粋経験」を原理とすることにどのような意義があるのか、ということを、第一章でもふれているが、この章でも考えておきたい。

それらの事柄を考えるための根本的な手がかりは、『善の研究』本文冒頭のよく知られている次の言葉にある。「経験するというのは事実其儘（そのまま）に知るの意である。全く自己の細工を棄てて、事実に従うて知るのである。純粋というのは、普通に経験といっている者もその実は何らかの思想を交えているから、毫（ごう）も思慮分別を加えない、真に経験其儘の状態をいうのである。例えば、色を見、音を聞く刹那（せつな）、未だ之（これ）が外物の作用であるとか、我が之を感じて居るとかいうような考のないのみならず、此（この）色、此音は何であるという判断すら加わらない前をいうのである。それで純粋経験は直接経験と同一である。自己の意識状態を直下に経験した時、未だ主もなく客もない、知識と其（その）対象とが全く合一して居る。これが経験の最醇（さいじゅん）なる者である。」

「経験」は本来いつも「純粋経験」として成り立っているが、「普通に経験といっている者もその実は何らかの思想を交えている」ので、「純粋」という言葉を冠した、ということを、右の引用においてまず確認しておきたい。

このような経験が、実在の根本原理である、と考えて「すべてを説明する」試みが、『善の研究』の趣旨であることが、次のようにその「序」では語られる。「純粋経験を唯一の実在としてすべてを説明して見たいというのは、余が大分前から有っていた考であった。初はマッハなどを読んで見たが、どうも満足はできなかった。そのうち、個人あって経験あるにあらず、経験あって個人あるのである、個人的区別より経験が根本的であるという考から独我論を脱することができ、また経験を能動的と考うることに由ってフィヒテ以後の超越哲学とも調和し得るかのように考え、遂にこの書の第二編を書いたのであるが、その不完全なることはいうまでもない。」

「純粋経験」が「唯一の実在」である、つまり真実に在ると言えるものは純粋経験が唯一であり、

「個人あって経験あるにあらず、経験あって個人ある」というように考えられることから、「経験」の真相がついに把握され、純粋経験こそ実在である、と結論するに至ったのである。経験のうちに、人が「独りの人」であることと、「独り」ということが「万人」の「うち」ということとひとつに結びついていることとの発見が、『善の研究』という著作の輝きのもとにある。個人を超えた普遍的な有り方と主体的有り方（個人）とが、経験において裏表なのである。ついでその一続きをもたらしているものは、経験の能動性にあるという考察が『善の研究』を主導して行く。この経験の能動性には、個別と普遍の両面を一つに生きるもの、すなわち「自己」が見られている。あるいは能動的な「自己」が、個別性と普遍性という矛盾する事柄を一つにするところにおいて成立している、と言ってもよい。そこで個別性と普遍性という二点を念頭に、この章ではさらに経験をめぐって考えておきたい。

ところで西谷啓治は、西田哲学とは、この本文第一行目の「経験するというのは事実其儘に知るの意である」という事を展開したものであったと語ったが、逆に言えばこの言葉に西田哲学は収束する。「事実其儘に知る」ということを展開し、その「知る」ということの端的さに収束するという大きなうねりが、西田哲学の全体像となる。

しかしよく考えてみると、「事実」と「知る」ということとは、簡単に一つにならない事柄である。「事実」は偶然性や個別性を本質にし、必然的普遍性の外にある。そもそも「知る」ということは、個々のものを統一的に把握することであり、他方事実は知のそのような普遍的な領域から外に出ることで事実的存在となっている。にもかかわらず「事実・其儘に・知る」ということから考え始めるということは、「そのまま」というところで、「事実」（客観性）と「知る」（主観性）が一つになっている事態を最初から認めて、そこ（「事実其儘に知る」）から、私たちが存在していること、生きていることの真実を見定めて行くということを意味する。いろいろ思索をめぐらして、「事実・其儘に・知る」に至ったのではなく、「事実其儘に知る」に立ってそれをつかもうとするところから西田哲学は始まる。「事実其儘に知る」に立って哲学して行くところに、西田哲学の、哲学としての根源性があると同時に、その哲学の発現点には、いわば鉄板の如く近づくものをはねかえす理解困難性がある。

明治三六年七月、当時三三歳であった西田は、坐禅に打ち込んでいて、さきの章で取り上げたように日記に、「学問は、畢竟（ひっきょう）life のためなり、life が第一等の事なり、life なき学問は無用なり」とあり、また別の日には「余は禅を学の為になすは誤りなり。余が心の為、生命の為になすべし。見性までは、宗教や哲学の事考えず」と書き記している。「見性」とはいわゆる「悟り」を得ることであるが、たんに知識的にではなく、真実に真理を体得すること、という意味で受取ってよいであろう。哲学思想を知的に知ることは重要なことであるが、根底に「ライフのため（心の為、生命の為）」ということがなければ、「哲学」とならない。あるいはそういう仕方で哲学を生きるというところに、西田哲学の哲学としての特色がある。そもそも「フィロ（愛し求める）ソフィア（知）」は、ソフィアだけでは哲学にならない。だから右に述べたように難しくて近寄りがたい哲学でありながら、

「ライフのため」という熱さが通じる読者には、その鉄板もある種の仕方で溶解してくる。

学問の前に禅があり、禅の前にライフがある。だからライフの中に、禅もあり、学問もある。ただ禅からライフを見るのでもなく、たんに学問からライフを見るのでもない。禅も、学問も、ライフという事柄のうちでのこととして考えられるのである。そして、ライフのうち、ということが、学問の前に禅、という取り組みを取らせる。ライフ、すなわち生ということに直接している立場が禅、生を考察する立場が学問となるからである。しかし根本的には、「生」の外に「知」があるのではなく、「生」そのものの中に「知」がある。「生」において両者の矛盾はいずれかの仕方で矛盾でなくなり、この両方が一つになっている。

だから「生きる」ということが可能なのである。

禅宗は、言葉にならないところにある真実に真理を求める立場を表わす、「不立文字」から始まる。ところが「禅」は「禅那（静慮）」という意味を有しているように、「禅」は「定（じょう）」、すなわち「三昧（ざんまい）」に入って得られるある種の「深い思慮的覚醒」のことである。だから「不立文字」は、三昧境に入って意識喪失に陥ることではなく、かえって透明な意識である覚醒の元にある。学問の前にある「禅」は、深い「知」の事柄でもある。そういう意味では、「禅」の奥行に「知」がある。そして「経験」とは、やはり「知る」という事柄である。

「経験」という日本語は、明治の時代に翻訳語として定着したものである。したがって「経験」の意味をみるためには、たとえば英語の用法を参考にしてみなければならない。経験は英語では、「experience（名詞および動詞）」である。名詞でもある「experience（語源はラテン語のexperientia）」を西田は、「経験する」という動詞の意味で受取っている。

さて「経験する」とは、『ジーニアス英和大辞典』では、第一に「〈困難・喜び・空腹〉を経験する、体験する（live through）」、第二に「…だという事を経験により知る」と説明されている。『オックスフォード現代英英辞典』では、「to have and be aware of a particular emotion or physical feeling」、また「to experience pain/pleasure/unhappiness」と説明される。この英英辞典の記述で目に止めておくべきことは、経験的に知られるものは、「痛み」であり、「喜び」であり、「悲哀」とされる点である。身体によって経験されることは、そこで何かが感じとられるということである。そのような経験知とは、喜びや悲しみを知ることを根底としている。喜びや悲しみを一語で「情意」と表現すれば、経験知の根本が情意と密接であるところに、経験知の直接性が由来する。いのちは、情意の原初態である感覚の目覚めから始まる。その目覚めが、経験することの始まりである。直接経験は、いのちの初源と共にある。

そもそも「主観的」とか「客観的」とかという言葉自身も、近代的な知のパラダイム（考え方の枠組み）を背景にして近代以降に独自の意味を帯びるようになったのだが、知の近代的パラダイムのなかでは、情意による知は主観的なものであって、学知からは排除された。右に述べたような経験を知の根源にするところには、したがって近代的な考え方のパラダイムを破る意義がある。さらに肉体に結びついた情意による知を主観的なものとする考え方をさかのぼれば、プラトンにまで至ることになる。したがって根本的な意味で経験を知の根源にするという考え方は、近代のみならず、哲学の端緒にまでさかのぼって知の理解を革新するということにまで及ぶ。

さて他方日本語の辞書では「経験」について、「直接触れたり、見たり、実際にやってみたりすること。また、そのようにして得た知識や技術」（『大辞林』第三版）とある。前半が「体験」、後半が狭い意味での「経験」、両方の意味を含むものが広い意味での「経験」ということになるだろう。「体験」は自分自身の身をもって実際に行う意。それに対して「経験」は自分で実際に見たり聞いたりして知識・技術などとして身につける意」と、「経験」と「体験」の意味の相違についても解説されている。しかし「経験」も「体験」もどちらも「experience」の翻訳語であって、文脈に従って訳し分けられてきたのであろう。

文脈を踏まえて翻訳語を作り出すさい、原語では同じ語なのに、日本語訳では異なった語を用いていることがしばしばある。science も、ラテン語の原意においては「学問」のことであるが、「科学」と訳される。subject にいたっては、「主体」「主語」「主観」等と訳しわけられる。これらがすべて英語では同じ語であることに気づいたとき、近代的な考え方のパラダイムがあらゆる分野におよんでいることが鮮やかに理解される。「経験」「体験」という訳語のばあい、「実験（験は、証拠によって確かめる意味）」「試験（験はためしてみるという意味）」「効験（験はしるしやききめの意味）」でも使われる「験」が共通している。

「experience」は、「身」をもって「知る」こと、じっさいに「た（「手」の意味、「た ta」は「て te」の母音交代形）め（「目」、ちなみに「見 mi」は「目 me」の母音交代形である）」してみること、つまり手で触ってみたり目で見たりする、すなわち身体的に知る、という意味があって、「ためす」という意味では「体験」、「知る」という意味では「経験」が使われてきたのであろう。しかしそもそも「experience」にはこの両義が、一つに結び付いている。「やって（行為して）みる（知る）」ということにおいては、行為と知とが一つに結びついている。しかも「効験」というように、その結びついたところに、事実においてある事柄が現成することをも含んでいる。

「ためす」とは目で見て手で触れてみるという意味であったが、見るとは認識の事柄であり、手で物に触れて行くことは行為の発端であるから、経験には認識と行為が初めから一つに絡み合っている。そのような経験の原初的な性格をたどれば、後期西田哲学の「行為的直観」や「物となって見る」という根本的な考え方につながっていく。

以上の辞書による意味を踏まえながら考えてきたことをまとめてみると、「経験」は、生においてある（alive、すなわち on life）出来事に基づく。哲学では、「leben」という「生」を意味する語を含んだ「erleben」というドイツ語で、経験を理解していたでもあろう。このばあいには、「live」に相当する語（ドイツ語の生 Leben）が経験とはっきり結びついている。そのライブな出来事において、喜怒哀楽や痛みを知り、また個々人（particular）の感情（emotion）や身体（physical）の感覚（feeling）への気づきを有つことが、経験することである。体験においてawareになること、すなわちrealizeすること、つまりリアルに知ること、覚（さと）ることが、「experience（経験）する」こと、「知る」ことである。

西田が「学問の前に生」と言った哲学への取り組み方そのものが、その哲学自身において、「erleben」（生の内に立つ）という体験にして経験に結びつけて行ったとも考えられる。経験に立つという西田哲学の出立点は、西田の哲学そのものへの取り組み方に根ざすのである。また「個人あって経験あるにあらず、経験あって個人ある」ということも、次に述べるように、生のうちに立つことが、「身体の自然」においてあることから確信されるようになる。

身体に起こる感覚も、個々人の感情も、その当事者がその当事者の内においてのみ有つことができるものである。ライブなもの（生）は、個々の存在者の中にのみ存在しうるからである。個々の肉体の外に、生自体があるわけではない。にもかかわらず、感覚も感情も内と外の隔たりを破っている。内外の隔たりを破ったところに成り立っている「知」が、「経験すること」である。そのような「知」が、「身体（physical）の感覚（feeling）」である。個人的な事柄が、同時に他者に通じる普遍的なものであるのは、身体の感覚が「自然」に根付いて成立しているからである。

physicalという英語の語源はギリシャ語からきており、ギリシャ語では「自然の」という意味であった。近代になって、それは「物理的な存在性」を表すようになったが、自然を物理的なものと考える、近代的自然観によってそのような意味を有つようになった。しかしphysicalは「身体という自然である感覚において明かな」という意味で使われ、actualな感覚であることにおいてrealであるという意味を現代でも保持している（たとえばa physical manifestation）。

physicalのほかの「自然の」という意味の英単語は、もちろん「natural」である。英語の「nature」はラテン語の「natura」に由来し、「natura」は生れる（natus）とか生む（nasci）という語から生じていたことからもわかるように、古代において「自然」こそはまさに生命そのものであった。生物が他の物体と決定的に異なる点は、「子を生む」ところにある。自然は生命の生む力のもとにあった。「自然の」という原義にかえって言えば、physicalなfeelingは、身体という自然が有するものであるかぎり、自然はすべての生きる者の内にあるのだから、自他と共通する。たとえば舌での味わいはその人個人のものであって、他人の舌に代わることはできない。そういう意味では、感覚は他者との断絶を端的に示す。しかし自己の内の自然は、むしろ他者との通路である。

西田の「純粋経験」という学術語は、ウィリアム・ジェームスの考え方を主に踏まえている。そのジェームスが、「感情とは何か」という論文の中で、「身体的変化は感情によってひきおこされるのではなく、身体的変化を脳が関知して理由づけする」と述べている。それは「悲しいから泣くのではなく、泣くから悲しくなるのである」ということである。あくびが他者にあくびを促すように、身体の自然的作用である涙は伝染して、悲しみは個々人を超えて広がる。

英語の「mood」が、個人の集合体の心的状態を意味していることと、この事態は通じる。場の雰囲気を意味すると同時に個人の気持ちの意味を、「mood」は有する。場の雰囲気がその場にある心を形成して、人の心にもそれが映しこまれて、個人の心にもなるのである。(「雰囲気」と訳される「atmosphere」という英語は、一七世紀の近代ラテン語に由来する、近代語である。)泣いたり笑ったりという事柄は、自己と他者の内外の隔たりを融通している人間の「心の自然」から起るのである。心は個々人の内にあるのだが、個々の心はまたその心がある場を映して形成される。

経験が、個々人のうちにのみ起こっていながら、他者と通じて行く、という点をめぐってさらに考察を続けよう。

二 「意識」と「自己」

前節の最初に、『善の研究』の「序」の、「個人あって経験あるにあらず、経験あって個人ある」という文章を引用した。主観と客観の合一ということは、自己と物との間のみならず、単純に同一視できないが、自己と他者との出会いと交流という事柄でもある。「我」が人間である他者を物扱いにすることもあるし、逆に物が生きた「他者」、友人となることもある。マルチン・ブーバーが言うように、二者の関係の有り方には、自己に面前しているものを「それ」として「物」あつかいする「我とそれ（物）」関係と、「あなたと私」という人格的関係となる「我と汝」関係があり、対象が物であるか人間であるかに関わらない。そうであれば、主客未分である、実在の原理と考えられた純粋経験という事柄は、「また」というよりも「むしろ」人と人との関係（自他関係）の原理を本質的に含んでいる。

ここで、そもそも『善の研究』における純粋経験とはいかなるものかということについて、その骨格を言い切った次の上田閑照の解説をまず見ておきたい。

「展開された純粋経験の全連関の動脈は次のようにえがき出される。主もなく客もない原始の純粋経験がそこだけ直示される場合は「無」。主客への分開を含んで自展した具体的な純粋経験において主客相対するところでいえば主の方は「精神」、客の方は「自然」。そのように展開した純粋経験の全体、主客を包んだ全体が主側から尽されると「自己」、同じ全体が「客」側から尽されると「宇宙」。そして最後に、そのように展開した純粋経験の全体が全体として、しかも主もなく客もないという原始にこめられていた未分の統一力が無限の統一力として現勢化したその統一に統べられた生ける全体としての全体が「神」というように展（ひろ）げられてゆく。そして全体が多様な仕方でそれ自身に現象するこのような動的な全連関とその局面局面とを渦中にある「自己」のところで読み取りながら追遂行してゆくという仕方で『善の研究』の内容が出されてゆくのである。その際「自己」の重層として、原始の未分に直接するところは「感覚」、未分を分節するところでは「思惟」、再統一への運動は「意志」、展開された全体を現勢的な統一に即して観得するところは「知的直観」というように自己が活動して行く。」（上田閑照編『場所・私と汝 西田幾多郎哲学論集 I』、岩波文庫、一九八七年、三六三頁）

西田哲学の根本原理となるこのような純粋経験は、西谷啓治によれば「事実」「事実の知」「自己」が、あるいは上田によれば「経験論」「形而上学」「実存哲学」が一つになるような哲学として展開される。これら三者が一つになる要（かなめ）は、「自己」にある。主観（知の立場）と客観（事実）の統一が、「渦中にある自己（実存）」のところで摑（つか）まれてゆくのである。それは、悲しみや苦しみの中で自己がいかに生をまっとうできるかということ、つまり「学問の前に生」というところから始まった哲学であったからである。

ところで前節の始めでもふれたように、『善の研究』本文の冒頭では、主の方は「精神」、客の方は「自然」という問題の捉え方から始まっているが、『善の研究』をまとめた後に書かれた「序」（明治四四年一月の日付がある）では、「経験あって個人ある」という点と、「経験を能動的と考うる」という二点が「純粋経験」を原理とする決定的なポイントであったと述べられる。すなわち経験は個人と個人との関係の問題から視（み）られており、また経験の本性を能動的と見るということは、意志を有った「自己」の有り方に問題意識の焦点があったことを示す。あるいは、純粋経験の問題をともかくも最後まで論じきった後で振り返ってみれば、「自己」というものの根源的な意味での成就が根本的な問いであったこと、しかも物と人との関係は、じつは人（自己）と人（他者）の間の問題と通底し、純粋経験は自他の共有する「意識」の基礎になることが、改めて『善の研究』出版にあたって確認されたことが、「序」の指摘であったと考えられる。したがって、「純粋経験」は、「意識」と「自己」という事柄として見て行かねばならないところに、その本質の一面があることになる。『善の研究』の副題は、「意識と自己」としてもよい。

『善の研究』の成立過程については前章で詳しく見たが、『善の研究』の、最初の論考でもあり、哲学としてのその中心的部分は、実在について論じた第二編であった。その第二編の第一章は「考究の出立点」と題され、「今もし真の実在を理解し、天地人生の真面目（しんめんもく）を知ろうと思うたならば、疑いうるだけ疑って、凡（すべ）ての人工的仮定を去り、疑うにももはや疑い様のない、直接の知識を本（もと）として出立せねばならぬ」と述べられる。「疑うにももはや疑い様のない」ものとは、「ただ我々の直覚的経験の事実即ち意識現象についての知識あるのみである」と続けられ、「直覚」とは「ありのままの事実を知る」ことであると指摘される。続く第二章のタイトルが「意識現象が唯一の実在である」となって、叙述が続けられる。

「意識」が主客の相違を超えた「実在」であるという表明は、極端な観念論、主観主義、心理主義と受け取られかねない。しかし、西田の言うところを丹念に追って行くことが必要である。「直接経験」とは「我々の直覚的経験の事実」であって、それは「即ち」「意識現象についての知識」であると言われている。「我々」「直覚」「経験」「事実」と分節できるものが、分かち難く一つであるところに、たんなる「経験」ではなく「純粋経験」と言われる理由がある。「直覚的経験の事実」は「意識現象の知識」と「即」という仕方で一つである。両者をならべてみると、「直覚的経験」が「意識現象」に、「事実」が「知識」と言いかえられていることに改めて気づかされる。「経験するとは知ること」であったから、直接経験を意識現象として展開することは理解できる。純粋経験とは「意識現象についての知識（知）」と、西田の用語の用法を踏まえれば、受け取ることもできる。だがそれだけではなく、「事実」が、「知識」に、言いかえられている。「直覚的経験は意識現象の知識である」ではなく、「経験の事実が知識である」と言われるのである。直覚的経験という意識現象は、事実にして意識である、事実とひとつになった知識である、と言われているのである。

ふつうには「意識現象」とは、西田も言うように「動物の神経系統に伴う一種の現象」であって、「意識を離れて外界に物が存在している」と考えられ、「意識の背後には心なる物」があり、主観の側にある神経系統の心の働きが「意識」というものであると理解されている。だから「意識現象が唯一の実在である」と冒頭から言われると、右に述べたように超心理主義ないし超主観主義のように受け取られて、その第一歩においてすでに西田哲学から撤退すべきと思われるかもしれない。

しかし「我々の直覚的経験の事実」という言葉自身を、正確に読み取らねばならない。たんに「我々の経験」というだけなら、「我々」の側に生じている主観的性質のものだとも言える。しかし「我々」の有する経験は、「直覚的」である、つまりありのままの事実とひとつになった経験である。

だから「知る」という事柄でもあった経験は、「(我々の直覚的経験の)事実」とされる。我々の内なる経験は、直覚的に働いているとき、外なる事実と相即相入している(むしろ経験は主客の相即相入において始まっている)。その事態を、内側の意識が外側の事実とひとつになって、事実という側から表現された言い方が、「我々の直覚的経験の事実」なのである。その事態を逆に、外が内にあるという言い方をしたものが、「(意識)現象についての知識」という表現である。

「意識」(内界)と「事実」(外界)とが「経験」において一つになっていて、その経験はたんに主観の側の経験ではなく客体と「直覚的」に一体化している。そういう経験的出来事が、大きな「事実」なのである。そういう事実は、他方「意識現象の知識」と説明される。たんに主観と客観ではなく、主観を内に含んだ大きな客観は、客観を内に含んだ大きな主観という言い方もできる。大きな主観にその大きさをもたらしているものは、西田のここでの用語で言えば、「知識」である。

「知識」と言えば、ある事柄について知っている内容という意味で理解されるが、ここでは「知る」(英語ではknow、ドイツ語でwissen)という意味であり、意識し認識するという意味である。経験するとは知ることであったから、「直覚的な経験」という「意識現象」は、そもそも経験(知る働き)の現象であるゆえに、「意識の知識」とは「意識の意識」、あるいは「知の知」であることになる。「直接経験」には、したがって「知の知」、すなわち「自覚」という構造が最初から導出される理解が含まれていたことになる。「直接経験」は、知が自己自身の本源に照らされる出来事であり、知が知において知に返照される「自覚する」という動きを本態とする。知が知に返照する光が、事実とひとつに絡んで事実を内に懐いた知る者の自己の目覚め、すなわち自己の現実的事実的存在性をもたらすのである。知の開け（覚）によって、あるいは知の開けとともに（覚知）、自己や存在が現象するのである。そのことに通達することを、だから「見性」と言ってもよいであろう。

ところで「意識」という精神科学のもっとも基礎的な、特に近代哲学にとっては決定的なものについて、現代の意味合いの方がその語が使用される時間の経過の中で特定の限定的な意味を帯びてきているゆえに、「意識」という語の基礎的な意味が忘れられ、見えなくなっている。西洋の語の根底にまで戻ってその語を理解しようとした明治の西田の方が、むしろその原義において精確に理解していて、西田の言う「意識現象」の意味も原義に基いて理解されなければならない。

フランス語でもスペイン語でもイタリア語でも、「良心」と翻訳される言葉は、「意識」と訳される語と同じである。ラテン語の conscientia（コンスキエンティア）が語源で、フランス語（conscience）・スペイン語（conciencia）・イタリア語（coscienza）にそれぞれ語形変化して各言語において使用されるが、すべて意味は同じである。

ラテン語 conscientia は、ギリシャ語聖書で使われる、「共に知ること」を意味する syneidesis（シュネイデーシス）の訳語であった（ルターは聖書をドイツ語訳するさい翻訳借用して、この語に Gewissen というドイツ語を当てた、したがってそのドイツ語はやはり良心と意識の両方の意味をもつ）。ギリシャ語では、日常的には、「助産婦が産婦の痛みを共に感じること」という意味があり、したがってコンスキエンティア（意識）とは、たとえば痛みを共に感じ、他者を知ることであった。しかしキリスト教の文脈の中にconscientiaが置かれることで、私の内側が神と共に知られること、しかも私は原罪を負った罪人であるから、罪が自覚されること、という意味になり、その自覚が「良心」ないし「道徳心」を支えることから、いわゆる「良心」を意味するようになった。

英語では、conscious（con·scious）は「意識している」の意味で用いられるが、「conscious of O」あるいは「conscious, that O ～（that節）」という使い方では、Oを意識している、という意味だが、そのばあいの意識は「自覚」という意味合いである。他方conscientious（con·sci·en·tious）は「良心的な」という意味で使われる。前つづりの「con-」は、「一緒に（together, with）」あるいは「強調」の意味を有する。両語とも、「con-（共に）」と「sci-（「知る」の意味、scienceもscientiaに由来する。scienceは一七世紀の科学革命のころまでは、体系化された知識や経験の総称の意味で使われていて、近世以降の学問が各科に分かれたことから、翻訳語として「科学」と日本では訳された）」を共有していて、もともとの意味は同じである。

つまり「意識（conscious）」は、「共に知る」ということだから「相互に知っている」という意味を有する。その「共」とか「相互」が、「自己が自己を」と言われるばあいの、主語の「自己」と目的語の他者が「自己」と置きかえられれば、「自己が自己を知る」という「自覚」の意味となり、「意識」には「自己認識」という働きの構造が内蔵されていることになる。（conscientiousはconsciousよりかなり新しく、学術用語として一七世紀ごろに使用され始めたようである。）

また「意識」という日本語の言葉自身は、もともとは仏教用語に由来する。「意識」は、大乗仏教における「中観派」とならぶ仏教学派である「唯識（ゆいしき）」における八識（視覚、聴覚、嗅覚、味覚、触覚、意識、末那識（まなしき）、阿頼耶識（あらやしき））のうちの、第六識にあたる。前五識はいわゆる五感のことで、「意識」は「第六感」、つまり個々の五感を超えてそれらを統一する直観的知性であり、さらに末那識、阿頼耶識は深層意識に属するとされる。「識」とは、心の本体における精神作用のことで、阿頼耶識が根本の「識」である。

漢字「識」は、「言偏（ごんべん）」に「織る」と同じ部分があるように、言葉を織って物事を区別し知る、という意味の語である。心が物事を識別すること、ないしその働きを意味する。釈迦の死後二十の部派に分かれたが、その部派のひとつである「説一切有部（せついっさいうぶ）」では、現在の意識を「識」といい、一瞬間前に過ぎ去った意識を「意」ということから、過去と現在の識を合わせて「意識」というとも考えられる。さらに「識」は訓読みでは、「しる、しるす」と読む。日本語における「し（知）る」とは、しるしをつけてはっきりさせること、であった。

しるしをつけてはっきりと識別することとは、個別化することであるから、知ることが「個」を「個」として成立させる。だから意識が個々の「自己」の成立と密接に関わっていることになる。それは、「知る」ということの核心に「共に（con-）」ということがあるからである。

というのも、たとえば美しい花に見とれているばあい、自己は自己を忘れて見入っている。自己を忘れたところに花が場所を占める。花は自己の外にあると同時に、内に咲く。そこに花と自己は「一つ」であって、両者の「二」はない。しかし、それだけでは自己喪失に陥ってしまったままである。その「二」のない、という「ない」ところで「我は花」という自覚の光りが透入して、深く「我は我」と感じ取られるようになる。「我なし」において、「我」は外の花とひとつになることで、「我も花もある世界」に開かれて、世界との関連性においてあることがより深く経験されることで、「我」を深く享受するのである。

「我なし」から、我が深いその根柢に還って、「我あり」と我の自覚の光りが投射されることで、実在のリアリティーが成立するのである。物とひとつになった意識は、「自己認識」を構造的に含む。その自己認識は、しかし他者が他者として存在するという他者の存在性のリアリティーの根源ともなっている。「自己認識」が、「世界」の成立と切り離されていないからである。

「意識現象が唯一の実在である」というのも、右に述べたような「意識」の根からの意味から理解されなければならない。しかし近代において、デカルトを経由して「意識」の意味は大きく変容する。あるいはそれ以前になかった近代的な意識の意味が、意識の本義とされるようになる。純粋経験の哲学は、近代的な意識を意識の底に一度根底的に徹底させることでその底を射抜いてみせる、という意味をもつ。

「意識」をめぐって考察を続けよう。

三　西田の論文「デカルト哲学について」

人類の歴史を振り返ってみて、やはり近代という時代が特異であり、その延長線上にある現代という時代において、今までにまったく経験したことのないような事態が生じてきている。それがどういう事態であって、西田哲学はその現代的事態を解明するために、どのように意味があるか、を本章では考えようとしているが、ここではさらに「近代的意識」について見て行きたい。

人間が人間として歩み始めたのは、直立二足歩行からである。二本の足を有してその足で立つことによって重たい脳を支えられる体勢ができたことで「学」が生み出され、二本の足で立って対象に向って手を自由に使えるようになり「技術」が発達し、直立したことによる咽喉の構造変化による発音の多様性の獲得から「言葉」が得られ、天に向かって頭をあげる姿勢から「宗教」という垂直方向のセンスも備わった。これらすべてが、他の生物と異なる人間の特徴と言われるものである。

それらの特徴が、「人間」を「主（subject）」とする思想に統合され、そこからすべての存在者を再構成するとでもいうような構想が、近代において始まった。

「subject」という英語は、ラテン語（subjectus）を語源としており、その原義は「……の下に投げられた」（英語の潜水艦の sub-marine は「海の下」という意味であるように、「sub-」は「……のした」のこと。「-ject」

は、「pro-ject」が（前に－投げ出されたもの）、すなわち「計画」とか「企画」を意味するように、「投げられた」ということ）である。だから「下にあるもの」、つまり「服従した」ものという意味で、「家来・臣下」の意味で使われていた。「be subject to」は、同意などを「必要とする・条件とする」の意味となる。

それに対して「ob-ject（ラテン語 objectus が語源）」は、「……に反対して（ob-）投げ出されたもの」を意味する。裁判などで、「異議あり」と発言される英語は、「objection」である。「ob-」は、「against」の意味であるが、もう少しその意味をゆるめると「ob-verse（逆方向に向けられた、つまり「相対応するもの」の意味）」のように「toward（～の方へ）」という意味になる。

見られているもの（物）と見ているもの（人間）という二者を想定すれば、まず存在している物（subject に向って投げ出されたもの）があって、その存在者として投げ出された物に対して見ているもの（subject）がある、という関係が中世までの受け取り方であった。object（客観・物）に subject としているものが、subject（主観・人間）と考えられていたのである。object の方が、「基礎的存在」なのであった。しかし近世以降両者の関係が逆転して、subject が、存在の基礎と考えられるようになる（日本語訳の場合、どの訳語を当てるにせよ「主」という言葉が使われる）。これから述べるようにデカルトの言ったコギト（cogito）が、subject として、存在を基礎づけるものとなるのである。

subject は文脈によって、日本語では「主観」（認識の場面）、「主体」（行為の場面）、「主語」（文章の場面）と訳し分けられるが、認識や行為において、物に従属していたはずの人間が、逆に認識や行為の基礎であり根拠であると考えられるようになったのが、近代という時代の新しい考え方なのであった。

言葉によって構築される文章も、思想や意志を有った「主語」によって形成されるのである。

そのような近代以降の subject の意味の変化が示していることを見るために、西田の「デカルト哲学について」において述べられている、古代ギリシャ哲学から近世哲学に至るまでの要点を、西田に聞いてみよう。「種々なる哲学に対して私の立場を明らかにした」とこの論文について西田が述べているように、その哲学史の見方は西田自身の哲学史的位置を語るものとなっている。昭和二〇年に亡くなった西田理解のためにも、昭和一九年発表のこの論文は見るべき重要なものである。

「哲学的立場は、見るものなくして見る立場、考えるものなくして考える立場として、そこに自己自身を限定する自覚的原理を把握するのである。それは自己自身によって自己自身を限定する真実在の原理として、何処までも深く概念的に把握せられるものでなければならない。〔……〕私は古来、哲学はかかる立場において始まり、かかる立場において今日まで発展し来ったと思う。ソクラテスの哲学もギリシャ時代において懐疑的自覚の立場において始まり、自己自身を限定する実在の原理はプラトンのイデアにおいて把握せられた。しかしギリシャのポリス的世界の時代においては、未（いま）だ真の個人的自覚というものはなかった。それは働くものの世界ではなかった。ロゴス的実在の世界、見られるものの世界であった。アウグスチヌスの自覚の哲学は、キリスト教的実在即ち歴史的実在を把握したとも考え得るが、中世哲学は宗教哲学であった。実在そのものを問題としたのではない。実在の考え方はギリシャ的なるものを出なかった。中世哲学の実在はキリスト的・ギリシャ的であったということができる。中世的世界が行（ゆき）詰（づま）って近世哲学の時代に入った時、自己表現的なる歴史的実在の世界は、自己自身に返って新なる哲学の出立点を求めた。中世において人格的に自覚した歴史的実在の世界は、更に自然的自覚を求めて来たともいい得る。我々の自己は、そこに深く自己自身の根柢に返って、新なる実在の把握を求めた。これがデカルト哲学の課題であった。デカルトの世界は近世科学の世界であった。しかしデカルト哲学には、デカルトからライプニッツに至るまでも、なお背後に中世哲学的なものがあった。神と自己との関係において、何処までも不徹底である。私はカント哲学に至って、純粋な科学の哲学に入ったと思う。カント哲学は科学的自己の自覚の哲学である。しかし単なる科学の世界は、自己自身によってあり自己自身を限定する真実在の世界ではない、真の具体的実在の世界ではない。［……］今日の歴史的世界は新なる哲学の出立点と新なる実践原理とを求めるのである。我々はなお一度デカルトの出立点に返って考えてみなければならない。」

（傍点は筆者による。）

右の引用は、「一」と「二」とから成っている「デカルト哲学について」（『西田幾多郎哲学論集 Ⅲ』、岩波文庫、二七八〜二八〇頁）の、「一」の最後の文章である。「なお一度デカルトの出立点に返って考えて」見ることで、西田は自己の哲学的位置とその課題を改めて明らかにしようとするのである。そのためにデカルトまでの哲学を振り返ったのであった。その振り返りは、過去に向いたものでなく、「新なる哲学の出立点と新なる実践原理」のためになされている。

西田の時代においても「理論」より「実践」という問題意識が、主流となっていたようである。「形而上学」や「哲学」より「倫理学」が求められる私たちの生きる現代と、事態の在り様に新しい要素が加わっているため異なるところもあるが、基底的にそれに通じる事態はすでに晩年の西田の時代に始まっていた。その変化は、大きな歴史的流れから言えば、自然科学の時代から、科学技術の時代への転相、認識の正しさを求めた時代から自己をも含めて対象を操作することへと人間の要求が変化してきたことの顕現と言ってもよいであろう。それを承知で西田は、「真の実在とは如何なるものかを究明して、そこからすべての問題を考える」ことのうえで、「実践」も人間が描くたんなる「夢幻」である（実在に通じない人間の行為は、たんに人間の主観的な人生の描出になってしまう、という意味で「夢幻」と言われる）ことから脱却できるのである、と言ってその問題意識から、哲学史的振り返りがなされたのである。

右の引用に述べられているように、哲学的立場とは、「見るものなくして見る立場、考えるものなくして考える立場」である。ほんとうに「見る」あるいは「知る」または「考える」ということは、主観を立てて客観を見る、ということだけでは果たせない。真の客観の当体は、立てられた主権の影に隠れるからである。日常的にも、他者の気持ちを理解するためには、他者の立場に立って、つまり主観を破って初めてなされる、と言われる。科学的知のように外側から理解する（対象的理解）のではなく、内側から知る（自覚的理解）ことが、哲学的に知るということなのである。そのような知が成り立つ立場を、西田は「見るものなくして見る」という言い方で語る。通常は対象的知を有つことが知ると考えられている、そういう知の理解に対して「見るものなくして見る」は、禅問答における「公案」のように、「見るものなくして見る、この見は、不見と言っても当らず、見と言っても当らず、何と言うか」というような、衝撃的な理解の転換を迫る言い方となっている。「見る」のだから「不見」ではない。しかし「見るもの」がないのだから、「見」がどうして成り立つのか応えられなければ、「見」という応えも答えにならない。内から知る（主客ということが成り立つ「見」の根源、「主の見」にして「客の見」に立つ）という自覚的知を踏まえて「見る」という立場が、哲学なのである。デカルト哲学の出発点に立ちつつ、デカルト的コギトの問題点を打ち破る西田哲学の「意識」（知）の立場が、「見るものなくして見る」という事柄なのであった、と言ってもよいであろう。

なぜそのような「見」が求められるかと言えば、そもそも「実在」が、「自己自身によって自己自身を限定する」有り方を、また自己限定のロゴスを本質とするからである。たとえば生命は、自然法則に従って成立しているが、ただ物理法則に従っているだけなら物理的存在でしかない。同一律を根本原理とする物理的法則を破るものが出てきたから、生命が誕生したと考えられる。つまり物理的物を破って自己自身を生み出す、たんに物理的ではないが物質に基礎をおく生命的存在は、「自己自身によって自己自身を限定する」ことにおいて有る。そのようなものを真の実在とするなら、その実在の知も、「自己自身によって自己自身を限定する働き」に、いわばぴったり息を合わせていなければならない。

真の実在は、「自己自身によって自己自身を限定する」ということを存在の原理としている。そのような存在は、自己から言えばいわば「絶対他者」である。自己は自己自身においてのみ知られるのであるから、他者の自己は徹底して他者である。しかしその自己限定の原理は、「知る」ことの根本的原理を、「自己自身を限定する自覚的原理」とすることによって、開かれる。自己自身を限定する自覚的原理による知において開かれることにおいて、その存在は概念的に把握されるのである。しかもたんなる自己知的な自覚ではなく、その自覚が世界の自覚ともなる自覚となることが、「見るものなく（単に客観に対する主観ではなく）して見る（自己の自覚が世界の自覚となる）」という自覚知なのである。「何処までも深く把握されたところでの概念的理解」とは、このような自覚の事柄である。

「真実在」は「我々の自己の存在をはなれたものではない」、という点が、まず存在という事柄を考えるうえでの基本的理解である。リアルとか現実という事柄が、自己の外にある客観的な事物の有り方のことだとする考え方が科学的であるとみなされていたが、それは物理的事実性であって、私たちが生きている「生きられている現実」ではない。生きられている現実は、自己が現実のうちに臨在することによって成立する。客観的な科学的現実性を破って自己の臨在に届くことが具体的に「深く」実在に至ることであるが、その実在には物理的普遍性とは異なる客観的なロゴス性、世界を調和的に構成する合理性（合理主義と訳される rationalism の ratio の意味は、ラテン語を語源とした「比率」の意味である。世界は比率的に合理化された調和的全体とギリシャでは考えられた）としてのいわば「世界性」がある。その事態は、経験が個人の内にありながら、その個人を破るところに成立するという、矛盾する事柄が一つに結びつくところで経験が成立するということと同じことである。そういう「ひとつ」に実在があると見届けることが、「何処までも深く」ということである。

そのような哲学の試みが、古代ギリシャにおいて起こったのであるが、ニーチェやハイデガーのように、ソクラテス以前にこそ哲学の始まりがあるという見方もある。しかし西田の言うように、「懐疑的自覚の立場」にその始めを見るとするなら、ソクラテスに注目しなければならない。ソクラテスの「無知の知」とは、自己の臨在する実在へと問いかけるものである。それを探求するソクラテスの「問答法（dia-logue＝ロゴス（logos）を交わす（dia）こと）」では、問われるものを自己自身に立ちかえらせ、同時に問うものも、問いただす（「問い」そのものを「正す」）ことを求められる。それぞれが自己自身へ返るという仕方で、有ることの真実へ迫ろうとするものであった。「ソクラテス以上の賢者はいない」というデルフォイ神殿の神託の意味は、ソクラテスこそ「無知の知」を知る者であるということ、またそのソクラテスにおいてすら「無知」であるということは、最大の知者は「神」ということをも示し、人間の有限性とそれゆえの謙虚さをも教えるものであった。その神殿には、「自己自身を知れ」という文字が掲げられていた。

ソクラテスが登場した古代ギリシャの時代には、イオニアの自然学の破綻、ソフィストの活躍、というところに示される、おそらく社会的な大変動が生じていた。危機の時代にはいつも、「自己」に返って問う、ということが必要とされる。（「自己」ということの意義については、のちにさらに取り上げる。）旧来の社会の有り方に懐疑的となって、改めて「自己存在」に立ちかえって考え直す、つまり「懐疑的自覚」から、「哲学」が始まった、と言えるのである。

「自己自身を限定する」という実在の有り方が、ソクラテスを経てプラトンにおいて「イデア論」という形で展開する。「イデア（idea）」とはギリシャ語で「見られるもの」（「見る」という意味の動詞「idein」に由来）という意味で、物事の「何であるか」を示す。ものごとの「何（what）」にあたるものがその事物の「本質」であるが、それはドイツ語ではWesenと言われ、Wesenは「存在」の意味でもある、つまり現象として消滅するものではなく、滅びることなく存在するものこそ真の存在であり、それが日本語では物事の「本質」と訳されたのである。

「イデア」とは、肉眼では見られない、現象的に消滅したりしないものの「形」である。丸い物の「丸い」というイデアは、肉眼では見られない。丸いものが丸いのは、「丸さ」というイデアがその物において見られているからである。「丸く在る」、ということにおける「在る」は、「丸」のイデアによる。「これは何か」という問いに、「丸い物」と答えられるが、その「何」にあたるものが「丸」というイデアであって（英語のquality（＝質）の語源はラテン語のqualis（＝what kind of）であり、qualityはwhatの意味を有する）、そのイデアは、丸い物なら丸い物の「本質」であると同時に、「丸く在る」という存在を与えているものである。知性の目が、物に、肉眼では見られないイデアを見て取るのである。ただし近代的な主客の分裂を知らない古代ギリシャでは、丸い物が丸いというイデアにおいて自己を把握することにおいて丸く在る、という有り方において、「個人」の内面的世界は自覚されていない。その点を西田は、「ロゴス的実在の世界、見られるものの世界」に止まる、と述べたのである。

ハイデガーが、ギリシャ語の真理を意味する「アレテイア（Areteia＝隠れてあること、隠れてあるもの（レイテア）、を否定する（ア）という意味）」に注目しているが、ギリシャ的世界は隠れなき明るみにおいてあることが「真」であった。だから「私的であること」（英語のprivateは、語源から言えば、ラテン語の、「引き離された」ことを意味するprivusであり、もともとは公的にある権利を奪われた否定的な意味であった）は、真理から遠いことであった。しかしアウグステイヌスに見られるように、キリスト教信仰のうちに、個人の内面的世界が確立し、ヨーロッパ的人間の基礎構造が成立する。アウグステヌスの『告白』に見られるように、神との対話は個人の私的内面的世界において展開するのである。

また注目すべきは、西洋中世において、「キリスト教的実在即ち歴史的実在」と言われるように、時間の経過に意味が見出され、時間はたんに経過するものではなく、ストーリーとしての歴史（historyとstoryはともにギリシャ語historiaを語源にする）となったことである。歴史とはそもそも「物語（ストーリー）」として成り立ったのである。時間の経過は、終末の時に至る目的（end）を有するようになり、物理的な時間は、歴史的な時間へと転化する。時間が歴史的になることで、個々の存在者はそれ固有の意味を担い、時間のうちにあるものが自立して、自立した個物の内面的世界が開かれるようになる。その新しい事態を西田は、「人格的に自覚した歴史的実在の世界」と言い表わしている。「人格的」とは、流れる時間を自己の内に留めて自立した個物の有り方のことである。歴史とは、一人一人の人間が一人の人間として生きた物語でもある。

しかし「中世的世界が行（ゆき）詰（づま）って近世哲学の時代に入った時」、「人格的に自覚した歴史的実在の世界」は「自己表現的なる歴史的実在の世界」という側面を露わにしてゆくことになる。実在的世界が、中世から近世に移行するところに、西田によって「自己表現的」という言葉が登場する。中世に見出された「人格的」という有り方が、近世において「表現的」となることで、真の実在がいっそう深まると、西田は考えているのである。ただし西田の「表現」理解は、「表現する」ことは「表現される」ことである、という独特の意味、つまり自他関係は「表現的関係」であるという意味を有する。あるいはそのような表現の真相に、西田は眼を開かれたのである。西田の「表現」については、後述する。

ここで見ておきたいことは、近世という新しい時代に、デカルトは、「深く自己自身の根柢に返って、新なる実在の把握を求め」、そこで見いだされた原理が、「コギト エルゴ スム（cogito ergo sum＝我考える、故に、我在り）」における「コギト」であった、ということである。しかしデカルトには、なお中世的なものが残っていて、そのことによって「神と自己との関係において、何処までも不徹底で」あった。ここで中世的と言われているのは、自己の外に超越的神をおくことであろう。そのことで近代的な自己の主体性の徹底が、なお不十分に止まったのである。その点を明らかにするため、デカルトの「コギト」をめぐって、さらに考察を続けてみよう。

四　「コギト」という新しい近代的「意識」と西田の「自覚」

「いささかでも疑わしいところがあると思われそうなものはすべて絶対的に虚偽なものとしてこれを斥けてゆき、かくて結局において疑うべからざるものが私の確信のうちには残らぬであろうか、これを見とどけなければならぬ」(『方法序説』岩波文庫、昭和四二年改版、四四頁)と考え始めたところから、「コギト　エルゴ　スム」という、原理となる命題が見出されてゆく。

よく知られているように、懐疑の対象となったものは、まず感覚によって在ると思われるもの、であった。次に幾何学上の事柄や、論証によって確かとされるものも、真にそうで有るかと疑い得るものとされる。『省察』(岩波文庫、昭和二四年、三八頁、新仮名遣い新漢字に、他の個所においても、改めて引用している)では、次のようにも言われる。「私は、世界のうちにまったく何物も、何等の天も、何等の地も、何等の精神も、何等の身体も、存しないと私を説得したのであった。従ってまた私は存在しないと説得したのではなかろうか。」つまり懐疑の対象は自己存在すらもが含まれるほど、徹底していた。私が存在しているということも、夢幻を見ているようなものだと思い始めれば、心の深い闇に足元からすべりこんでゆくような恐ろしさが沸き立つ。デカルトの問いがこのように根底的であったがゆえに、「我々はなお一度デカルトの出立点に返って考えてみなければならない」のである。

『方法序説』(岩波文庫、四五頁)からさらに引用してみよう。「けれどもそう決心するや否や、私がそんなふうに一切を虚偽であると考えようと欲するかぎり、そのように考えている「私」は必然的に何ものかであらねばならぬことに気づいた。そうして「私は考える、それ故に私は有る」ということの真理がきわめて堅固であり、きわめて確実であって、懐疑論者らの無法きわまる仮定をことごとく束ねてかかってもこれを揺るがすことのできないのを見て、これを私の探求しつつあった哲学の第一原理として、ためらうことなく受け取ることができる、と私は判断した。」（傍点は筆者）

確実かどうかと、あらゆるものに疑いの目を向けているかぎり、疑っている私の存在は有る、と気づいた、と言われる。心の闇が闇と見えるようになることには、闇の背後に光を感じるということがすでに潜む。自己存在すら懐疑されたのだが、その懐疑が懐疑の存在自身に気づくのである。そのような再帰的懐疑が、自己存在の確実性を導出する。「考える（思惟）」は、「panser」（フランス語）ないし「cogitatio」（ラテン語）の翻訳語であり、それらの原語はいわゆる意識や知覚という広い意味を有している。「懐疑の意識」ということ自身は通常の「意識」であるが、その意識がその意識自身に気づくのであるから、この「気づき」はいわば「意識の意識」、高次の意識なのである。「コギト　エルゴ　スム」という命題の確実性の根拠は、「コギト　エルゴ　スム」とコギトする、「意識の意識」なのである。たんに「コギト　エルゴ　スム」のコギトが第一原理なのではなく（たんにそれだけのコギトであれば、そのコギトもいくらでも疑うことができる）、コギトを哲学の第一原理として判断するコギトに、第一原理は求められたのである。このようなコギトの意識は、デカルト以前には気づかれておらず、近世という時代に初めて出現し、成立したものである。

先の引用に続く『省察』（岩波文庫、三八頁～三九頁）の言葉をも、聞いておこう。「（いったい私は身体や感官に、これなしには存し得ないほど、結びつけられているのであろうか。しかしながら私は、世界のうちにまったく何物も、何等の天も、何等の地も、何等の精神も、何等の身体も、存しないと私を説得したのであった。従ってまた私は存しないと説得したのではなかろうか。）否、実に、私が或ることについて私を説得したのならば、確かに私は存したのである。しかしながら何か知らぬが或る、計画的に私をつねに欺く、この上なく有力な、この上なく老獪な欺瞞者が存している。しからば、彼が私を欺くならば、疑いなく私はまた存するのである。そして、できる限り多く彼は私を欺くがよい、しかし、私は或るものであると私の考えるであろう間は、彼は決して私が何ものでもないようにすることはできないであろう。かようにして、一切のことを十分に考慮した結果、最後にこの命題、すなわち、私は有る、私は存在する、という命題は、私がこれを言表する毎に、必然的に真である、として立てられねばならぬ。」（傍点は筆者）

私は或るものであると「私の考えるであろう間」は、「私は有る、私は存在する」という命題は、「私がこれを言表する毎に」、「真である」として、「立てられねばならぬ」、と言われる。「私の考えているあいだは、私は有る」、つまり「コギト　エルゴ　スム」という命題は、私の言表においてあると、「定立」されることにおいて真なのである。命題「コギト　エルゴ　スム」という言表において、それが真理として定立されることにおいて、真理が根拠づけを得るのである。たんなるコギトが真理を裏付けるのではなく、いわばそういうコギトのコギトが、真理の裏付けとなるのである。コギトのこのような働きが真理の裏付けとなる意識の働きをなすという仕方で見いだされた意識は、デカルトにおいて初めて成立したものであり、それ以前にはなかった近代的意識がここに誕生する。

「定立」は「措定」とも訳されるが、その訳語のもともとの原語は古典ギリシア語 θέσις（thesis）であり、その語のままにラテン語 thesis として使われ、英語でも thesis のまま使用された。ギリシャ語がそのままのかたちで使用される例は、ほかにはたとえば philosophia（哲学）がある。philosophia も、語尾変化等があるにしろ、欧米語においてギリシャ語のまま翻訳されないで使用されている。なぜ各国語に翻訳されないで使用されたのかというと、その語に相当する語が翻訳される側にないからである。thesis も philosophia も、古代ギリシャに起こった他国にないオリジナルな試みを表す語であったからであると考えられる。

ちなみにドイツ語では、Thesis という語も使われるが、ドイツ語の Setzung という語でも使用される。thesis の意味をドイツ語で表現したものが、Setzung である。Setzung は動詞 setzen に基づき、setzen とは、「立てる」とか「置く」を意味する（setzen の結果ある場所にあるというばあい、英語の sit の意味である sitzen となる）。すなわちギリシャ語の thesis は、「書き留められたもの」という意味、つまり言葉のうちに立てる、という意味で使われ、ドイツ語 These（テーゼ、「命題」の意味。三段論法の、テーゼ＝定立、アンチテーゼ＝反立、ジンテーゼ＝総合は、命題の運動なのである）も、thesis に基づく。言葉として、あるいは言葉のうちに定かに立てること、あるいは立てられたものが、定立することであり、定立という事柄なのである。

動詞 setzen の過去分詞形を名詞化したドイツ語 Gesetz は法則の意味で、神がこの世界に置かれた神の言葉がこの世界の法則となった、というキリスト教思想があって、Gesetz が法則の意味を担うことになった。英語でも law は動詞 lay に由来する（lay down は横たえるの意味、「横たわる」という自動詞 lie の使役の意味、つまり「横たわらせる」が lay）。

言葉のうちに立てる、ということは公開する、公共化するということである。言葉の働きをそのように見るところに、古代ギリシャの思想が、端的に現れている。民主主義の成立も、言葉において公開するということが基礎である。裁判も公共の言葉の世界で行われた。ソクラテスが、自己の裁判において、自己の弁明（apology はギリシャ語の apologia が語源、-logia は analogy や monolog また prologue と同じく logos、すなわち「言葉」の意味。たとえば自己の主張のための apology なら弁護の意味となる）を自ら行ったが、証拠に基づいて判断するのではなく、裁判は言葉世界でのやりとりなのであった。

理性によって見られる事物の内的本質は、イデアと言われたが、すでに述べたように、イデアとは理性の目によって見られた、肉眼では見えない、事物の内的本質であった。それは、言葉によって表現される。言葉にもたらされるということは、個々の事物に映っている、理性によってのみ見られる普遍的本質に名を与えることである。名において肉眼では見られないものが、現象する。キリスト教思想では、イエスという神の名において、神の働きが顕（あらわ）となる。

「イエスの名」ということについて、たとえば新約聖書では、次のように言われる。「あなたがたがわたしを選んだのではありません。わたしがあなたがたを選び、あなたがたを任命したのです。それは、あなたがたが行って実を結び、そのあなたがたの実が残るためであり、また、あなたがたがわたしの名によって父に求めるものは何でも、父があなたがたにお与えになるためです。」（ヨハネによる福音書一五章一六節）

イエスの名を呼ぶことは、私から起っていることではなく、私の中でイエスを呼ぶものから私が呼ばれているという事態なのである。イエスの名において求めるというのは、右の引用の聖書では、「あなたがたがわたしを選んだのではありません。わたしがあなたがたを選」んだという事柄なのである。イエスへの救いを求める心は、私から起っているのではなく、イエスから生じている。私たちがいわゆる「宗教」という言葉で呼ばれる事柄から、逃れようとして逃れられないのは、私たちの存在の初めにおいて、イエスの名によって私たちの存在が始まっているからである。イエスの名は、個々の個体的事物に内在する普遍性を意味する。イエスの名は、したがってギリシャ哲学におけるのと同様に、事物の内的本質なのである。

近代自然科学においても、世界は自然法則によって構築されているとみなされる。法則は、さきに説明したように、神の言葉であったし、事物の本質であるイデアでもあった。つまり近代自然科学も、ロゴスによって世界が構築されているという西欧における伝統的な世界観を、そのままに引き受けているのである。ただし近代においては、イデアないしロゴスの根拠は、subject である人間に置かれた。ロゴスの背後に thesis の主体として、自己を立てるコギトする自己が置かれたのである。この自己は、カントを経てフィヒテにおいて「我（das Ich、ドイツ語の一人称単数の名詞化、英語なら the I となる)」として、哲学の基本用語として使用されるようになる。

ドイツ語では、事実を意味する語は、ラテン語の「Faktum（英語ではfact）」が使用されていた。Faktumはラテン語「facere（する、行う）」の過去分詞形に由来する。したがって「なされたこと」を意味する。ところが近世になって「Tatsache」というドイツ語が生れて使用されるようになった。新しい語が生れたということは、「事実」という事柄について、従来のラテン語では尽せない意味が生じてきたということだろう。ドイツ語「Tat」は、ドイツ語のやはり「する、行う」を意味する「tun（英語のdo）」に由来する。しかも「tun」は「thesis」の意味で使用されていた。すなわち「事実」は、たんになされた結果として客観的にあるものではなく、何ものかが定立という働きをなしたことによって成立した事柄（＝Sache）というものとして事実を理解する思想が、Tatsacheという新語を生み出したのであろう。

またドイツ語で意識を意味する語は、「Bewußtsein」であるが、やはり近世に造語された語である。一七世紀まで、ラテン語による著述や借用語によってドイツ語圏では哲学がなされていた。ライプニッツの影響を受け、そこからカントの哲学への展開の間にいたのがクリスティアン・ヴォルフであるが、彼が「Bewusstsein（知るという動詞の状態受動形で、「知られている状態」の意味）」を造語した。「良心」と同義的であった「意識」の語に対して、「近代的な意識」の意味を表わす語が新たに求められ、「意識（Bewusstsein）」という語が造語されたのであろう。「知られている」ということは、「知る」ものを予想、前提している。「対象」はドイツ語の「Gegenstand（〜に対して立っているもの）」の訳であるが、物を対象として捉える前提は、やはり主観の存在である。「知る」という働きが、主体の能動性に基づくという考え方が大きく進展していたのである。

「事実」や「意識」という語が、ドイツ語において新たに造語されていった事態の背景には、subject が存在の根拠となりつつあった、近世の人間的主体性の考え方が大きく影響していた。デカルトのコギトにおいて、その展開は一つの極点に達した。もちろん目が覚めているあいだ我々は、つねに意識を有っているが、デカルトはそのような意識の働きを、意識が有していた構造をより明確化させることで、再帰的意識へと徹底させ、近代的主体性の場を開いた、と考えられる。事実や意識が、近世的な新しい相貌を有って現れ出てきた。

それゆえに西田は、「なお一度デカルトの問題と方法に返って考えて見よ」と提言する。「疑うという事実そのものが、自己の存在を証明している」とデカルトは述べていた。西田はそういう事実を根本的だと認めているが、その根本性はデカルト的理解では不十分であって、自己の「矛盾的自己同一」ということから真に考えられるとする。デカルト的懐疑、そのコギトにおける真理性を、西田は直証的事実として認めている。すなわちこの事実は、論理と事実との端的な一致を示している事柄とみなされる。主観と客観、論理と事実との一如としての直証的事実という、デカルト的コギトの受取り方自身が、すでに西田的であって、他の受け取り方があるとしても、デカルト的コギトが近代哲学の第一原理であるとみなされる以上、それは思惟と存在の一致に立たねばならないのであるから、論理と事実との一致と考えることは決して我田引水的理解ではない。要点はそれを、事実とみなし、しかも直証的と受け取るところにある。その点に、西田哲学が躍動している。この点を確認するため、なお論文「デカルト哲学について」の叙述を検討して行こう。

まず今一度、西田がデカルトの何を評価しているかを見ておこう。「疑うという事実そのものが自己の存在を証明している」という事柄を、西田は「否定的自覚」と名づけている。「自己は、何処までも自己自身を否定する所にある」ゆえに、自己の存在すらも「疑う」という否定的な自覚によって、かえって自己の存在が証明される。しかしその事柄を西田は、「疑うも疑うことのできない直証の事実」として理解する。自己がまずあって、次いでそのような事実が生じる、というのではない。疑うという事実そのもののうちに、自己が成立する。それは、「自己成立の事実」なのである。したがって「考える」という事柄も、疑うという「事実」として成立している、と西田は受け取る。つまり主観と客観との一致という矛盾的事態、すなわち矛盾的自己同一の成立する開けが、「事実」となっている、と理解するのである。

しかしデカルトは、その事実を命題によって根拠づけた。その点を指して西田は、「主語的実在の形式」によって考えた「デカルト哲学の不徹底」がある、とみなす。デカルトは近世という時代において、「否定的自覚」による「自己成立」という哲学の原点に、近世において立ち返った。その自覚は、「矛盾的自己同一の事実」なのである。しかしなおアリストテレス的な主語的論理を、脱することがなかった。「デカルトはコーギトー・エルゴ・スムといって、自己から出立した。しかし彼はその前に自己の存在まで疑って見た。而して彼はそこに考えるものが考えられるものであるという主語的実体の矛盾的自己同一的真理を把握したのである。私はこれに反してそこから新なる論理と新なる実在の概念が出なければならなかったと考える。」(『西田幾多郎哲学論集 Ⅲ』、二八八頁)すなわちデカルトにおいて、矛盾的自己同一の近代的発見があったが、その矛盾的自己同一は主語的実体の立場に立ったものであったとみなし、西田は同じ地点から翻って述語的方向へと哲学の新たな論理の方向へ歩を進めた、と振り返っている。

デカルトからカントにいたって、西田の理解では、主語的方向に実在の根拠を求めたデカルトに対して、カントは述語的方向に超越論的論理を求めた、と見られる。「カントの自覚的自己は、デカルトのそれの如く、それ自身によってある実体ではないが、私が考えるということは、私のすべての表象に伴うという。我々の判断的知識は、その綜合統一によって成立するのである。主語となって述語とならない基体が、逆に述語的に主語的なるものを包み、すべての判断を自己限定として成立せしめる述語的主体となったということができる。」(『西田幾多郎哲学論集 Ⅲ』、二八六頁)カントの「意識一般」を、述語的場所と理解するところに、西田哲学の新しい論理が見出せる。しかしカントにおいても、物を自己の外におくゆえに、「自己が外から動かされる」という一面性から脱することができず、「主語的論理の考え方を脱していない」ということになる。「人は自覚を内からという時、自己は既に外に出ているのである。」(『西田幾多郎哲学論集 Ⅲ』、二八九～二九〇頁)

その後の展開について、「フィヒテにおいて、事行的として弁証法的自我となり、それがフィヒテの実践我として、私はそこに既に新なる実在の世界が開かれたと思う」とされ、シェリングにおいてスピノザ的になったが、「ヘーゲルに至って、その主観的卵殻を脱して論理的弁証法的実在の世界となった」と評価される。しかし「ヘーゲルの一般者は真の個を包むものではな」く、実践ということに関しても、「実践は一々が歴史的創造でなければならない。我々の自己は、一々の実践的決断において、生死の立場に立って」いるというところまで徹底されていない、ということになる。

デカルトからヘーゲルにいたるまでの近世哲学の歴史のうちに、その歴史に即しながら、その立場を包む西田哲学の近世哲学的位置づけが、上に述べたように把握される。主語的方向を包む述語的方向において、しかしかえって主語的方向の徹底化が図られる。その徹底化が同時に述語的方向の徹底化であるところに、「絶対矛盾」という事柄の真意がある。「絶対矛盾」で終わらずに、「自己同一」がさらに言われるのは、根源的「自（じ）」（みずから、同時におのずからに）にして「事（じ）」（平常事）という各自の「時（じ）」が、あるいは「無事（これら三種の「じ」の「無」）」が、つねにそこに臨在するからである。そこにいたらなければ、哲学は哲学としても、中途に終わらざるを得ないのである。哲学において終結にいたろうとすることがまさに人間の生、人生を生きることであった西田哲学にとって、西田は「絶対矛盾」が同時に「自己同一」に届く哲学の道を歩み切ろうとしたのである。

第三章　自覚と言葉

西田哲学を理解する手がかりとして、「経験」、「意識」という事柄を深く探ってきた。さらに本章では西田哲学を、「自覚」、「言葉」を焦点にしてその展開を追ってみたい。

A　自覚

西田哲学を貫く問題を、次のような言い方で示すことができるであろう。すなわち、「対象化できない「自己」という有り方を、いかに論理的に解明するか」、と。この問題を解くキーワードが、「自覚」である。

西田哲学は、問題意識としては一貫していながら、まず「経験」という事態に立った実存論、ついで「自覚」を原理とする認識論、さらに「場所」という着想を手にしたことによる『実在』解明の存在論へと展開した。さらにそこから「場所の論理」に基いた哲学体系の構想、一転して体系という仕方では治まらない存在の真相の、個々の問題局面との取組という仕方で大きな思索のうねりを形成して行った。

したがって「自覚」という問題も、個々の局面において、特色ある光芒を放つ。その焦点となる光に打たれて映し出される「自覚」の意味合いを、追っていくことにしたい。

一　「経験」の根源性

「経験するというのは事実其儘に知るの意である」(『善の研究』)[1]、この一行において哲学の根本問題とその解答が、提示されている。すでに述べたことだが、「事実」(「客観」の側のもの)」と「知」(「主観」の側のもの)とはいかに一致し得るか、という問題に対して、「事実其儘」において両者は一つである、と解答されている。経験の本質はその「一」にあり、その「一」が「純粋経験」と名づけられ、純粋経験から「すべてを説明する」試みが、『善の研究』という著作であった。「個人あって経験あるにあらず、経験あって個人あるのである」と『善の研究』の序文で語られていたように、「経験」は主客の一致のみならず、自他関係の成立する根拠ともなる。

主客関係また自他関係を可能にする「純粋経験」の要素である「経験」「事実」「知る」、という事柄に関して、次に示すように二つの着眼すべき点がある。

一―一　主語のない日本語の示す「経験」の日本的把握

一つ目は、「事実其儘に知る」ということ自身がどのように保証されるかという問題である。この保証には、主語なくして文章が成り立つという日本語の思想に通底する世界観がかかわっている。

西田の文章でも、主語のないものがある。たとえば、『善の研究』冒頭の第一段落、「純粋経験は直接経験と同一である」と述べて、次に「自己の意識状態を直下に経験した時、未だ主もなく客もない、知識とその対象とが全く合一している」、という文章が続く。この文章には、主語がない。いったい誰が「自己の意識状態を直下に経験する」のか。その問いへの答えは、「未だ主もなく客もない」のだから「誰が」と言えない、となる。その主語のない経験のただなかにおいて、「知識とその対象との全くの合一」、つまり「事実」と「知」との「一」が保証されている、という捉え方が、この主語のない文章の背景にある。

ところで日本では駅のホームで、「ドアが閉まりますからご注意ください(2)」というアナウンスをしばしば耳にする。しかしドアを閉めるのは車掌なのだから、「(車掌である)私が今ドアを閉めますから、乗客の皆さんはドアから離れて、ご注意ください」と言うべきところであろう。にもかかわらずこのような表現が、日本人にとって自然であると受けとられるのは、列車の運行が自然の出来事のように捉えられ、その出来事の一こまとしてドアの開閉が起こり、アナウンスしてドアを閉める車掌も、列車運行という事態の一部として含まれているという発想が根柢にあるからであろう。

日本語には「れる・られる」という助動詞があるが、その助動詞は、「自発(自然生起)・可能・受動・尊敬」を意味する。たとえば「山が見える」という日本語表現は、その十全の意味を英語に翻訳できない。その理由は、「れる・られる」という助動詞が四つの意味を重ねて用いられることと共通している。「山が見える」とは、「山を見ることができる」という可能の意味だけでもなく、「山が見られる」という受動の意味だけでもない。「見る」という働きが自然に自己の内で生起する（自発）、つまり山を見るという働きが出（い）で来ることによって見るという働きが可能になり（可能）、可能となった見るという働きによって山が見られるようになり（受動）、見られるものとしてその対象から距離を取る（恐ろしくて近寄れない、というように相手から距離を取ることが尊敬の態度を示すことになる）ことによってそれへの敬意を示す（尊敬）、という意味の重なりのもとで、「山が見える」という出来事が理解されているのである。「見える」という出来事の基礎は、「見る」という働きが自発的に起るというところにある。

「ドアが閉まる」のも、自然に生起する出来事と見られているから、「ドアが閉まりますからご注意ください」という言い方に不自然を感じないのである。「山が見える」のも、私の「見る」という働きが自然に生起したことによる。自己の内からの働きが、また自己の外なる自然からの働きであることによって、たとえば「見える」という出来事も成り立っている。主客の同一という事実の根拠も、人間の働きを同時に自然からの働きとみなす発想が支えている、と言えるであろう。西田の純粋経験における主客の合一の保証も、経験の自然生起という見方に基いていた、と指摘してよいと考えられる。

主語がなくても文章として成立するとみなされる日本語的発想は、出来事の基礎を自発的な自然の生起とみなすところにある。「明日午前十時に集合です」という文章は、「私たちは、明日午前十時に集合です」（たとえば「（他の人たちは九時集合ですが、）私たちは一〇時です」という意味の含みがある）と意味が異なるように、主語の省略ということからのみ無主語文を説明できない。「経験」の成立について、日本語の発想と西田哲学とは、通じ合う一面を持つ。

一―二 「経験」成立の内にすでにある「自覚」

また「自己の意識状態を直下に経験した時」という文章の日本語の表現として注意すべきは、「した時」という言い方である。「した」の「た」は、現代日本語では過去を表現する言葉であるが、「た」が過去の表現とされたのは、明治時代英語の過去形の翻訳語として使われるようになってからである。なお「完了」という時制は、現代の口語日本語にはない。話者が時間軸のどの時点にいるかを動詞のかたちの違いで表現するという「時制」という考え方が、そもそも日本語にはないのである。もちろん過去や現在や未来という「時間」はどの国の人間にも存在しているが、「時制」表現という考え方は普遍的ではない。中国語でも、時制表現はなく、時間は副詞によって表現される。日本語においても、基本的には同様である。

そこで「した時」の「た」のもともとの意味であるが、「～た」は過去でも現在完了でもなく、「現在のただなかにいる」ことを意味する。落し物をして、探してあぐねてやっとその落し物を見つけた時、日本語では「あった、あった！」と言う。この「た」は、発話者の認識の確認表現である。「いまここにある」ということを強調する表現なのである。

したがって「自己の意識状態を直下に経験した時」とは、「自己の意識状態の経験を、経験の現在自身においてはっきりと確認する」という意味となる。「直下」も、「真下（ました）」の意味ではなく、「ただちに」という意味あいで理解すべきであろう。「ただちに経験を経験において経験する」、そのような端的な現在的経験において、主観と客観は未分である。主観と客観が未だ分けられていないのだから、主客の端的な「一」とは、経験のただなかにある「存在の初め」ということになり、その存在の初めは「存在に目覚める（経験する）」ことと一つに起こっている。

すなわち「経験した」ということには、「経験において経験を経験する」という経験の確認、つまり「経験の自覚」がすでに内包されているのである。経験成立の構造のうちに、「自覚」という事柄が暗黙のうちにひそんでいる。ただしこの経験には、未だ主語がない。「経験が」という主語を入れて、「経験が経験を経験する」という事柄として経験を説明する試みが、西田において先ず取り組まれたのである。

二　「自覚」の展開

「純粋経験」という「存在と知」の根柢からすべてを説明するという試みは、実在の根柢に立って実在を解明するという、ある意味ですでに「存在の自覚」である。しかし、「実在の根柢」に立ってそこから説明するという立場は、哲学の根柢を踏まえた哲学として強靱な哲学であるが、「哲学」としてはその根柢自身が批判の対象とならなければ、すべての前提から自由な思惟である「哲学」としては不徹底である。

自己の哲学の根柢である「事実そのままの知」の解明を西田は、「自覚」という事柄に注目することで果たそうとする。

二―一 「経験」から「自覚」へ

「自覚」は、『善の研究』において次のように述べられている。「自覚とは部分的意識体系が全意識の中心において統一せらるる場合に伴う現象である。自覚は反省に因って起る、而して自己の反省とはかくの如く意識の中心を求むる作用である。自己とは意識の統一作用の外にはない、［……］この統一其《その》者《もの》は知識の対象となることはできぬ、我々は此《この》者《もの》となって働くことはできるが、これを知ることはできぬ。真の自覚はむしろ意志活動の上にあって知的反省の上にないのである。」（『善の研究』、岩波文庫、二四一～二二頁）意識が意識として成り立つ前提となる意識の中心である「自覚」とは、意識の統一作用とみなしてよい「自己」の働きであり、しかも統一の作用そのものは意識の対象とならない、つまり見ることのできない意志の働きと考えられていたのである。

『善の研究』以降のキーワードとなる「自覚」という用語の発端を探ると、「我々の自覚

Selbstbewußtsein」（『西田幾多郎全集』、旧版、XⅣ-九一〜九二）という表記を見いだすことができる。「自覚」はまず、「自己意識（ドイツ語 Selbstbewußtsein）」の意味として使われたのである。デカルトのコギト（cogito）から始まって、対象を認識する前提としての意識の統一作用は、カントにおいて統覚（Apperzeption）と呼ばれ、この意識内容を自己の意識として総合し統一する作用はさらにフィヒテでは事行（Tathandlung）という造語によって表現された。

定立するもの（主観的なもの）とされたもの（客観的なもの）との同一、ということを、造語された「事行」という用語で、フィヒテは表現しようとした。それは、フィヒテが次のように述べているように、「自己意識」と言い換えてもよい。「主観的なるものと客観的なるものとが決して分離せられ得ないで絶対的に一であり正しく同一である意識が在る［……］君の思惟に於て君自身を意識したのであり、そしてこの自己意識こそは恰（あたか）も君の思惟のかの直接意識であった［……］自己意識は直接である、それに於ては主観的なるものと客観的なるものとは不可分離的に合一されて居り、絶対的に一である［……］私は知性と云う言葉の代りに寧ろ自我性（Ichheit）と云う名称を用いる、何故ならこの名詞は活動の自己自身への還帰をば、極（ご）く僅（わず）かな注意さへ出来る人なら誰にでも、最も直接に表示するからである」[3]。「自我性（Ichheit）」とは、「自覚（Selbstbewußtsein）」を、フィヒテ的に端的に表現したものである。「主観的なるものと客観的なるものとが決して分離せられ得ないで絶対的に一であり正しく同一である意識」こそ、直接経験の成立構造を解明する哲学原理となることを、西田はフィヒテに見出した。フィヒテの直接意識としての自己意識を、西田は「自覚」と呼んだのである。

二-二 「事行的自覚」と「意志的自覚」

しかし西田は、フィヒテに発想を得た「事行的自覚」に止まることはできなかった。『善の研究』からの先の引用にもあったように、自覚作用の本質を、「意志」としてみていたからである。

フィヒテも、理性が実践的であることに基いて、実践理性を理論理性の根拠としていた。そもそも理性に対象を与える作用は、行為することから与えられるからである。行為の行われる根柢には、意志がある。しかし意志は、西田においてはたんに道徳的意志に尽きるのではなく、意志は意志そのものを意志することにおいて最も純粋な意志でありうるゆえに、どこまでも深く自発自展することを本態とし、宗教的世界にも通じるまで深まり得る。

フィヒテもシェリングも「眼は眼を見ない」と言っているが、西田も「一つの作用が働く時、作用自身は反省せられない。眼は眼自身を見ることはできない」(Ⅲ-二九二)」と述べている。作用自身は、表象の対象とならない。非対象的作用の有り方が、「自己性」である。自己が自己であるのは、非対象性による。「自己は自己を見られない」がゆえに自己であり、見られない自己の働きであることによって自己は自己として現象している。

知るという作用それ自身を知る「自覚」は、「自己性」の解明と同じ問題の元にある。「知る」を「経験する」ということに見出し、知ろうとする「意志」の働きを知の根柢にするという見方は、西田哲学に特色的である。「自己」「意志」「知る」という事柄が、一つの問題圏のうちで考えられているのである。そのように問題を捉えて行けば、自覚の本質はたんに「事行的」と言うより、「意志的」と言う方が適切となってくる。

知の根柢には、知ろうとする意志がある。ラテン語の conscientia は、「良心」と「意識」の両義を有する。conscientia という語が使われた当初「良心」という意味を有したのは、キリスト教の影響によって、「神とともにあることにおいて知る」と考えられたからである、ということはすでに述べた。「知る」という働きが起こってくるところには、もちろん幸福の達成を欲望するものがある。何かを得ようとして、そのために「知」が求められる。対象や獲得の方法の「知」なしには、物は得られない。しかし、人間の本質が社会性にある以上、「共生」を望む、つまり道徳的であるためにいかにあるべきかという問いからも起る。「常識」という「良識」なしには、社会生活は成り立たない。欲望や道徳、そしてさらに宗教の成立を動かす根柢に、「意志」が働いている。ソクラテスの「無知の知」は賢者ソクラテスですら「無知の知」以上を得ることができず、真の知者は神であることを教えるものであったように、知へのいざないの元には神の声が届いている。あるいは宗教の領域において真に露呈する「罪」や「悪」の問題へと、知の根柢を意志とするところから導かれる。そこでは究極的な矛盾、たんなる理性の立場では解決できないアポリア、すなわち「神と悪」あるいは「生と死」の問題が根本問題となる。西田はこの窮極問題を、哲学的に受け止めることの論理を追求する。(4)

その論理の原理となる「場所の立場」に至った西田は、次のように語っている。「実在と考えられるものは、その根抵に何処までも非合理的と考えられるものがなければならない。[……] 併（しか）し非合理的なものが縦（たとい）、非合理的としても、考えられると云（い）う以上、如何にして考えられるかが明にせられなければならぬ。[……] 私は何処までも自己自身を対象的に見ることのできない、而も自己に於て自己を対象化する我々の自覚的限定と考えるものを一般者と考えることによって、かゝる矛盾を解き得ると思う」（Ⅵ―三）。「自己に於て自己を見る」という自己限定としての「自覚」が、「一般者」すなわち「場所」と考えられるようになるのである（「自己自身を限定する一般者を場所という」（Ⅴ―三八七）と述べられている）

二―三　場所的自覚

「我我の自覚というのは作用と作用との直接結合の意識である」（Ⅳ―三〇五）、あるいは「すべて独立なる対象は作用であって、その相互の内面的関係即ち之を対立せしむるものは作用の作用である。[……] その統一が純なる時、即ち内面的に結合せられ居る時、一つの作用と考えることができる」（Ⅲ―二九二）と述べられるように、自覚は作用そのものの統一作用であるが、作用そのものは、「眼は眼を見ない」ように見ることはできない。しかし「表現」という考え方に注目することによって、「見られないにもかかわらず、何らかの仕方で見ているから、見られないということも起こる」という矛盾が極限に達する時、極限が推移する[5]ように、「眼を見る眼」（Ⅴ―三七五）の立場が開かれる。「知る者が知られるものである」という関係が、「表現するものが表現されるものである」という関係へ推移するのである。そこで「表現」ということを考察しつつ、「映像」という仕方で捉えられる「自覚」の有り方についてついて見て行く。

「表現」という有り方をする意識、すなわち「表現作用の意識に於ては、我々は主観的意識なくして見るのである。それは主観的意識を包んだ意識でなければならぬ。［…／…］所謂（いわゆる）主客合一の直観を基礎とするのでなく、有るもの働くもののすべてを、自ら無にして自己の中に自己を映すものの影と見るのである、すべてのものの根抵に見るものなくして見るものという如きものを考えたいと思う」（Ⅳ-五〜六）と述べられる。統一作用である「自覚知」を、主客合一の直観ではなく、「映す」こと、つまり「表現」ということとして考える、と言うのである。作用の当体に於いて、当体が自己限定することによって、非対象的当体が現象するのであるが、その現象は、当体の「表現」、ないし「映像」と呼ばれるのである。

「非対象的なものがなぜ見られるのか」という問題は、「内に閉じた独立した個体がいかにして理解し合えるのか」という問題と、問題の本質は同様である。「内に閉じたもの（自己が）」が「内に閉じたもの（自己を）」を見るのは、「内に閉じたもの（場所である自己）」に「於いて」と考えられるようになる。（「『自己に於て』というものが表象的意識面と考えることもできる」（Ⅴ-四三三）と言われているが、西田は「意識」を「場所的」に理解するのである。）「自己に於て」という場所の働きに於いて、「自己が自己を見る」のだから、「自己が」も「自己を」も場所である自己の自己限定となり、「自己が見る」ことがまた「自己を見る」こと（自己は見るものであり、また見られるものでもある）だから、つまり主客関係（自己が自己を見る）とその関係の逆転（見られた自己によって自己が見られる）が一つに成立しているゆえに、そのことが「見るものなくして（主であるだけでなく、また客であるだけでもない）、見る」と、西田的に表現されるのである。

「見るものなくして見る」は、「映すものなくして映す」とも言いかえることができるが、日本語の「映る」という言葉は、また「移る」という意味でもある。「実在」とその「写像」という関係ではなく、「映像」には「実在」が「移って」いて、映像という現象はまた同時に実在なのである。そうであれば実在の方が、現象の側の映像の現実的存在性を映している、とも逆転して考えられる。実在とその映像という関係を保ったままで、実在の表現が実在の映像であると同時に、映像の表現が実在へと転換する。

「表現」とは、一方を他方に映すことである。したがって「映像」と言われるのであるが、ここで映像は「自己に於ける自己の影像」である、すなわち「実在（自己が）即現象（自己を）」という事態における「映像」である。場所的に成立する「自覚」の内部構造を開いて見せた言い回しが、「自己が自己に於いて自己を見る」という定式である。「自己が」という非対象的な作用（ノエシス）が、対象的な「自己を」という自己の映像（ノエマ）となるのは、「自己に於いて」という「場所的自己」の表現作用による。「自己が自己を見る」という自覚は、「場所的自己の自覚」として考えられるようになったのである。

この「場所的自覚」の特質は、非対象的なものを見るところにあるが、なぜそれが可能かと言えば、

「自ら無にして自己の中に自己を映す」という表現作用によるからである。場所的自覚は「自ら無にする」のであるから、「主観的意識」を抜け出た意識である。そのことを西田は、「見るものなくして見る」という言い回しで語る。「主観的意識」なしにいかに意識が成立するのかと疑問に感じるかもしれないが、「純粋経験」の状態においては、意識のうちに主観的意識はない。「意識の無」を「意識の喪失」とみなすのではなく、無意識においてかえって意識が生き生きと働いているように、それは「生きている意識」のことなのである。

「自覚」が「映す働き」と考えられる発端は、すでに「経験するというのは事実其儘に知る」と言われたところに見出せる。「事実其儘を知る」のではなく、「事実其儘に知る」という言い方の中に現れている。「知る」ことは、事実を対象的に見ることではなく、事実に添い、事実と一体化して、事実を自己において写しとることと考えられていたのである。「場所的自覚」も、純粋経験の理解進展の途上において展開されるに至ったものである。(6)

「作用を包む場所的限定として、即ち場所自身の自己限定として知るということができる」(Ⅵ-六)、すなわち「自覚」は「場所的自己限定」という「場所的自覚」となったのであるが、「無を見る自己の自己限定は何処までも自己否定でなければならぬ、意志の根抵にはいつも自己否定が含まれて居る」(Ⅴ-三九〇)と言われるように、「場所的自覚」は「意志の自己否定」をくぐって出てきた立場である。「意志的自覚」が捨てられて、「場所的自覚」の立場に移ったのではない。否定は、意志の否定によって起こるのである。思想が変転して行くように見えながら、どこまでも深く「純粋経験」の根柢にある意志の働きが見きわめられてゆくのである。

二-四　無に開かれる自覚

「矛盾的自己同一」と言われた原発の事態は、「映すこと」が「映されること」である「映る」という表現的自覚の構造であった、と言ってもよいであろう。「何処までも結び付かないもの（映すもの）が結び付く（映される）所に、自覚的直観（映る）がある」（X-五六三、丸括弧内は引用者による）。「自覚に於ける直観と反省」は、「自覚に於ける矛盾的自己同一の表現作用」に至ることになる。それは、自覚が無によって開かれることによる。したがって場所の働きが無の用（はたらき）である点を、いっそうよく見ておきたい。

「意識作用の底には何処までも意識作用其者を見るものがなければならない、作用を内に包む意義を有つものがなければならない、かゝるものが自覚的自己と考えられるものである」（V-四三二）と言われているように、「見る」という自覚の働きは、「包む」ことと言いかえられている。

次に、「我々の自己が自覚するということは、右の如き意味に於て超越的なるものが自己に内在することである、無限なる過程の元に還るのである。我々の意識が直覚的なればなる程、過程は消されるのである」（V-四三三）と言われているように、「無限なる過程の元」、すなわち「純粋経験」の直接性に直接することが、「包む（「自己の中に自己を映す」）」という仕方で理解されるようになった（意識の働きを、「包む」と言ったのは、それを場所的働きと理解するようになったからである）、と考えられる。「直接経験」が、「自覚」として理解される最後の決め手が、見ること、知ることを、包むという場所の働きと考えることであった。そのことで、西田哲学が哲学として貫徹される。

「包む」という場所的働きが行われ得るのは、場所が「無の場所」だからである。自己の内に開かれる直接経験の事柄であった「見るものなくして見る」は、主客を一つにする作用の元に還るという、自己展開（progress）の逆方向（regress）、つまり否定の用（はたらき）によって成り立つ自覚的自己限定である。「無が無自身を限定すると云う意味に於て、否定的無に触れると考えられる所に、［……］思惟作用として真理というものを見る」（Ⅵ－一四一）のである。自発自展を特質とする意志の経験が、その意志の根抵において、自発自展を元に還す包む無、すなわち自己否定の用としての知の有り方を現してくるのである。「無の場所」は「何物も存在していない場所」という意味ではない。「無の場所」の「無」は、有無の無ではなく、無が無自身を限定する無の働き（すべてを自己の内に包むという仕方で働く無の自己限定）を指している。

三　「自覚」における「歴史」との交差

昭和九年ごろ西田は、周知のように次のような自己批判をしている、「『私と汝』に於て論じた所は個物的限定、ノエシス的限定の立場が主となったものであった、従って尚（なお）個人的自己の立場から世界を見るという立場を脱していない。個物的なる個人の立場から見れば、非連続の連続として個物と個物との媒介者Mというものは先ず私と汝との関係によって考えることができる。［……］併（しか）し単にかかる立場から歴史の世界を考えるのは一面的たるを免れない、歴史の底には個人をも否定するものがなければならない。加之（しかのみならず）、私と汝との関係から考えても、単に私と汝との関係だけでは真に非連続の連続というものは考えられない。真に非連続の連続というものが考えられるには彼というものが入って来なければならない」（Ⅶ－二一〇）。

「無が無自身を限定する無の働き」は、無の働きそれ自身に徹底しなければならない。「ニヒリズム」が、すべてが意味をもたない虚無を本質とするゆえに、「ニヒリズムという立場」に立つことすらも否定しなければならないように、徹底した否定性が無の働きである。そこでは「自己」すらも、風に舞う落葉のように吹き飛ばされる。

私と汝を媒介する愛の働きが成り立つのは、「自己自身を限定すると共に他によって媒介せられる」（Ⅶ－二〇七）と述べられているように、自己限定には構造的に他者によって限定されるということが入っている、ということによる。しかしその愛の立場すらもが否定されることによって、真の否定性が貫徹されるのである。非連続の連続は、私と汝との関係だけではなく、その関係に彼という第三者が関わらなければ真に成り立たないと、最終的に考えられるようになる。私と汝の関係に彼もかかわるとは、私と汝の関係がいわば世界性に開かれるということである。

ところが「場所の自己限定」はノエシスの底にノエシスを超えて「見る」ということであったのだから、自他関係あるいは主客関係自身が脱自して、世界において在ることが含意されていたはずである。すなわち、場所の自己限定のうちには、世界から見る、という事柄がすでに含意されていたのである。したがって右の引用で提示された問題は、事柄としては達成されていたはずのものであった。とすればここで問題となっているのは、「個人的自己の立場」の新しい問題局面であろう。

「弁証法的過程として世界が世界自身を限定する無限なる世界的過程というもの」（Ⅶ-二〇八）は、自覚という場所において、さきの「場所的自覚」の節に述べたように、直接経験に包まれ、映され、そこに還ると考えられていた。しかしこの自覚の場所は、同所の引用の続きに述べられているように、「却（かえ）ってかかる過程は現実の世界の自己限定から考えられる」とされて、「現実」そのものにおいて考えられるようになる。「私の立場は我々の自覚の事実を直に絶対矛盾的自己同一的事実として把握するのであり、そこから意識作用を考えるのである」（Ⅹ-五一〇）や、「事から理へと考えるのである。世界の自覚の立場から知識を考えようとするのである」（Ⅹ-五三五）と述べられているように、たんに自覚ではなく、自覚の「事実」から語られる。

自の中に他を、他の中に自を見る愛の立場は、「事（実）」自身に引き戻されて考え直されるのである。愛である神は与えるが、また奪う神だからである。奪うという冷厳な事実、そこに「与え、奪う」を超えた隠れたる神がある。このような事実の局面からの、ノエシス的限定の否定が、ここでの問題局面だったのではないか。「与え、奪う」ということが（ドイツ語で言えば）エアアイグネン（ereignen、出来）[7]する世界は、生死、消滅の世界である。生まれ死んでいくことこそが、歴史的世界を成立させる根源的事実であるから、生死の事実がある世界が、歴史の世界である。だからここでの問題は、個人的自己の問題と絡んで、自覚が歴史とあるいは宗教と切り結ぶ局面に生じた、とも言えるであろう。

ところで西田において、「自己」という用語は、もちろん人称的使い方もなされているが、当体それ自身を表す名詞である。純粋経験の統一性から場所や個人的自己にいたるまで、いずれも「一」ないし「当体」ということにおいて「自己」という事柄であった。しかし当体それ自身が自己を否定するというとき、自己のあり方は個人的自己において徹底する。個人的自己の自己否定は、根本的には死んで消滅することを意味するからである。そこには、死すべき自己の有限性の徹底がある。だから消滅する個人的自己において、生死において露現する歴史の尖端が具現するのである。

キリスト教を例に取れば、神は「おのれをむなしくする」（「ピリピ人への手紙」第二章）。この行為によって、神は人を愛に包み、人は愛に包まれる。しかし人それ自身においては、「地獄は一定すみかぞかし(8)」という絶望の徹底が、真の個人的自己の自己否定の姿である。自己否定には、否定して個を包むという「否定の肯定」（神の愛）と、否定して個をたんに「物事」にするという「否定の否定」（人間の有限性の事実）との両面がある。「否定の否定」に現れる人間の有限性において、かえって神の否定の事実が徹底する。「否定の否定」が、絶対者（神）の「否定の肯定」と背中合わせになっている。

ノエシス的限定であった個人的自己は否定されなければならないが、否定されて肯定されるのでは肯定・否定という対立の次元変換が相互に起こるところに、逆対応という事実が映されるようになる。

なく、否定が徹底されるところに、すなわち個人的自己が突破されて、かえって個人的自己の有限性が徹底されるところに、「事」の世界がエアアイグネンするのである。そこに、「否定の肯定」と「否定の否定」とが交差し、矛盾的自己同一が、交差するそれぞれの内に、自覚される。[9] 交差点では、異なるものが異なりながら一致するからである。

「表現するものとせられるものとの絶対的自己同一として、世界が自己の内に自己を映す、即ち自覚すると云う」（X‐四九五）、これが自覚の最終的定義と言ってよいであろう。「表現するもの」と「表現されるもの」との矛盾的自己同一が、自覚の形式である。その内実は、「世界が自覚する時、我々の自己が自覚する。我々の自己が自覚する時、世界が自覚する。我々の自覚的自己の一々は、世界の配景的一中心である」（X‐五五九）、と言われる。「世界が自覚する時、我々の自己が自覚する」のは、上に述べた意味における歴史と自覚の交差においてて生じるのである。

「歴史と交差する自覚」は、「生死の自覚」でもある。だから西田の「自覚」はまた、宗教的自覚をふまえることになる。そもそも「自覚」という語は、幕末から明治の当初におそらく「conscious-ness」の訳語として、仏教用語の「自覚覚他」から借りてこられた。当時「consciousness」を「目覚め（覚）」と受けとったセンスは西田において深く生かされた、と言ってよいであろう。

『善の研究』の「序」で、「かねて哲学の終結と考えている宗教」と言われ、同じ段落内の三行後では「人生の問題が中心であり、終結であると考えた」と「終結」が二度出てくる。二度出る終結の語をつなげば、「宗教」とは「人生の問題」である、ということになる。「生死の自覚」は、この哲学の終結と考えられた「人生の問題」の究極処に、哲学として至ったことを示す。したがって西田哲学は、自覚という問題に貫かれ、「場所」も自覚の構造を解明するためのものであったと、考えられてもよい。

経験はつねにある覚醒（自覚）とともに成り立つが、その「覚」ということにおいて、東西の哲学に貫道するものを探り当て、創造的な哲学のメタモルフォーゼを遂げてきたのが、自覚の哲学としての西田哲学、ということになる。

注

（1）この一行は、「知る」ということにおける確実性を基礎にして展開される近世哲学をふまえて、「知」の根抵を新たな「経験現象」に求めるという当時におけるある近代哲学の潮流に棹差しながら、しかもまったく独自な「経験の哲学」の立場を告げるものであった。ことに根本的なことは、「経験という」、その立場が、そこで言われる深い事態に根ざしていて、つねにそこから語られていることによって、理解のためにはどこまでも深い読み取りを要するということである。

（2）ドイツ語の駅のホームのアナウンスに、「Schliessen, Achtung!」という言い方があって、『ドアが閉まります、ご注意」の意味とほぼ変わらない。日本に特色的だと言っても、発想そのものは東西を問わずある、ということであろう。東西の相違というよりも、近代以前と以後との相違、というところに、問題の本質があるのかもしれない。

（3）木村素衛訳『全知識学の基礎 上巻』（岩波文庫 一九四九）、七八〜八二頁。ただしこの本では、書名の本ではなく、他の著作がまず訳出されていて、引用個所は「知識学の新叙述の試み」の部分である。なお「我とは自覚即ち事行でなければならぬ」（XIV-一一八）と西田は言っている。また西田は後に、次のようにフィヒテを評価している。「フィヒテが『全知識学の基礎』の始めに当って、すべての意識の根抵に事行があるというに同意を表せざるを得ない。唯フィヒテはそれを無にして見る自己の自己限定と考える代りに、直にノエマ的方向に自己というものを考えた、爾（しか）考えることによって彼は形而上学に陥ったのである」（VI-一七一）。「唯自覚の真意義が明にせられないかぎり、無の自覚的限定は単にノエマ的に形而上学的実体と考えられるの外はない」（VI-一七四）。

（4）「我我の自覚というのは作用と作用との直接結合の意識である。此故に自覚に於て、判断と知覚とが直接に結合すると云い得るのである。若し我々の真の自覚を斯く考えるならば、自覚的意識の立場に於て所与の原理と考えられるものは、単に知覚的意識にのみ限定し得るであろうか。作用の意識としては、意志の意識も知覚の意識と同様に直接である」（IV-三〇五）の「作用と作用との直接結合の意識」という西田の叙述を受けて、西谷啓治は次のように述べている。「そこに、単なる『判断的主観』を超えている『意志的自覚』がある。それは、通常、意志に対立させられている知の立場を超えた、一層深い知の立場である。『知識自身の自省』の立場である。『意志的自覚』の場からはじめて、いわゆる知的自覚も成立し得る。またそこではじめて、個性の概念、歴史、文化の問題も考えられ得る」（『西谷啓治著作集 第十四巻』一七一ページ、創文社、一九九〇、なお引用は新漢字、新カナ遣いに改めている）。

（5）自覚は、いろいろのレベルにおいてそれぞれ考えられるが、「無の自覚的限定」への飛躍ののち、各自覚の関連は、次のように明確に語られる。「絶対無の自覚的限定という意味に於て行為というものが考えられ、行為的限定として所謂自覚的限定というものが考えられ、自覚的限定というものが考えられることによって知るということも考えられるのである」（VI-一三六）。

（6）「メタモルフォーゼ Metamorphose［……］之を矛盾的自己同一的な歴史的生命の世界の本質と考える［……］。絶対現在の自己限定として、矛盾的自己同一的な世界の発展は、メタモルフォーゼ的でなければならない。

［……］かかる形の自己限定として、極限が推移であるのである」（X-二八七）と、最後期ではあるが、述べられている。

（7）ereignen は、英語では「happen」、名詞化すれば「event」の意味であるが、もともと「vor Augen stellen（目の当たりにする）」という意味であった。ハイデガーに言及するまでもなく、「自然生起」という意味合いがあって、しかも「見る」という意味を原義に持ち、さらに「自己性」（eigen は「あるものに特有である」という意味になる）にも関連していて、ここでは ereignen こそもっともふさわしい語であると考えたので、あえてドイツ語を使用した。

（8）『善の研究』に、すでに「善人なほ往生す、いかにいはんや悪人をや」という『歎異抄』からの引用が出ている。

（9）たんに異なったままで交差するのであれば、すれ違いであって、交差したことにならない。たとえば生物学的な交差（crossing-over）においては遺伝子組み替えが行われるように、交差点では新しい事態が生じているのである。いわば自他が交わって、新しい彼が生まれる。そのことが、世界の自覚としての我の自覚の表現となる。

B　言葉

西田哲学における「言語」理解を、以下において「悲哀」を核心にみて考えておきたい。悲哀が言葉となる時とその所で、西田哲学は哲学の生を呼吸しているからである。

一　「経験」と「言語」

一―一　生と一つである知

ほんとうに「ある」ということは、たんに物理的に在る（客観性）ということにおいても、たんなる意識の内（主観性）にもない。（「真に自己表現的なるものは、何処までも内に自己を有つ、即ち生命的なると共に外に自己をもつもの、即ち物質的なるもの、内的即外的、外的即内的に、絶対に矛盾的自己同一的なるものでなければならない」（「空間」、XI―一九六、と言われている。）

物質性と意識性とが一つになったところにこそ、真実に在るという意味での「実在」というものが考えられる。物質的反応が、即、そのまま意識性に転換するところに、「生命」の在り方もある。たとえば物質である光の波長に、物理的に反応するのではなく、光を「見る」、というところに、生きているということが実現している。生命活動の原始的な始まりである「感覚する」というような「生命の経験」が、生命あるものにとっては、実在の在処（ありか）である。「感知」することは、「意識」

することであり、「知る」ことの発端であり根源でもある、すなわち「経験」の原初態である。「経験」が「知」であるから、西田哲学は「自覚」へ、「場所」へと展開して行ったのである（「場所」のモデルは「意識」であった）。その展開は、「有る」ということと一つである「知」（つまり「純粋経験」）の見極めの豊かな試みであったといってよいであろう。

「有る」と一つになっている「知」は、植物にも現れている。植物の芽が光を感知して光の方向に向かって成長していくということの中に、植物の植物としての存在可能がある。植物の存在自身の内に、本質的にこのような光を感知し自らの行方を判断するという知が、内属している。その知では、存在ということへの「目覚め」と、それと一つに「自己」ということとが、一本の縄を綯《な》いあわせるように一つの形になって展開している。すなわち実在と一つである知では、場所へと開かれていて（自己と場所との間の遮断壁が透過可能で、自己の存在構造の中に場所が映っている）、場所に開かれているゆえに場所の限定が固有の自己の形成へと展開して、そこに一つの自己の形が現れている。

一―二　経験を映す言葉

さて経験は知の場であるかぎり、「言語」と本質的にかかわる。だから西田も「概念の言語によって写された経験界が所謂経験界である」（「意識の問題」、Ⅲ‐一三〇）と述べる。ただ当初西田は「言語」を、次の引用から読み取れるように、事実の対極である一般的で抽象的なものと見ていた。「真理の極地は種々の方面を綜合する最も具体的なる直接の事実其者でなければならぬ。この事実が凡ての真理の本であって、所謂真理とは之より抽象せられ、構成せられた者である。真理は統一にあるというが、その統一とは抽象概念の統一をいうのではない、真の統一はこの直接の事実にあるのである。完全なる真理は個人的であり、現実的である。それ故に完全なる真理は言語に云い現わすべき者ではない」（『善の研究』、I-三六・三七）。ここで「直接の事実其者」としての「完全なる真理」が「個人的」、「現実的」と言われている事柄は、後に「個物」とか「絶対現在」として捉えられた真相に直結する。（西田において「記号としての言語」という見方は一貫していたと言えるが、その抽象性を「絶対矛盾的自己同一的」に捉えること、表裏から自在に見られるようになったというところに、その後の言語理解の展開があった、というのが正確な捉え方であろう。）

ところで「知と事実」、言い換えれば「主・客」が一であることに決定的な役割を果たすのが、主観が客観を「うつす（写す、映す）」ということである。「映すもの」は「映す」ことで「映されるもの」になるというところに、西田理解の難所を越える一つの鍵がある。「うつす」とは、西田哲学の発端から、たんに受動性のことではなく、「部分の中に全体を蔵し其（その）一（いつ）が他を表象する」（『意識の問題』、III-一二八）ことであり、主観が客観を「超越しこれを内に含む」（参照『芸術と道徳』、III-三五六）という働きである。後にそれは、「表現」と言われるようになる事柄を意味している。『善の研究』以降西田は、このような「表現」の真相を探って、「場所の哲学」、さらに「世界からの哲学」へと自らの立場に深まり、内に深く外に広く思惟を展開していくことになる。

さて西田の言語理解は、『善の研究』を書いてまもなく視野を深めることになる。西田は、「フィードレル」(C. A. Fiedler)の「Über den Ursprung der künstlerischen Tätigkeit(芸術的能動性の根源について)」を読んだらしく(『自覚に於る直観と反省』にすでに言及箇所がある)、「我々の言語というのは、思想の符牒ではなくして思想の表出運動である」(『芸術と道徳』、Ⅲ-二六八)というように、言語をたんなる抽象的な「記号」と見なすことから、「表現」へと考え直すようになる。以後最晩年にいたるまで、言語について言及するばあい、フィードレルのこの著作の立場を基礎にしている。ということは、言語の一般的理解についてはこの本の立場を諒(りょう)とし続けていた、ということである。なお「歴史的形成作用としての芸術的創作」(一九四一年)において最終的にフィードレルの要約とその論述に共感的な西田的理解が語られ、しかしその立場は「主観主義を免れない」と指摘され、「歴史的世界の抽象面的自己限定として、表現作用的に芸術作品を形成する」と独自の立場が披瀝されて、フィードレルとの最終決着が示される。

二 「表現」・「道具」・「技術」

二-一 「表現」理解の深化

『芸術と道徳』(一九二三年)から「弁証法的一般者の世界」(一九三四年)が発表されるまでに、十年以上の間隙があって、その間言語への言及は消える。それは「場所の哲学」が構想された時期に当たる。しかし「弁証法的一般者の世界」から以降、論文ごとのテーマや考察に応じるようにして、言語についてもそのつど論じられるようになる。

「我々が実在に対して感ずる無限の大さ、無限の深さは自己自身の深さの射影に過ぎない」（『芸術と道徳』、Ⅲ-三五七・八）から、「自己の深さは世界の深さである」（「生命」、Ⅺ-三四六）ということへと、内と外、あるいは自己と世界との表現関係間の深層が明らかに照らされてきて、言語理解もこの深化にともなったと考えられる。ただしかし、「内の深さが外に反映する（内から外へ）」と「外の深さが内を深くする（外から内へ）」とは相互に関連しあう一つの事柄の両面なのだから、見方が転回したというより、手のひらを翻すようにして、よく見通せる相がある、ということであったろう。「自己から世界を見る」から「世界から自己を見る」と語られたことも、同様な事態ではなかったか。

表現理解の深化が表現を本質とする言語についての見通しを深めたわけであるが、表現ということに関して「言語」において特に表面化する「ファンタジー」という問題相がある。それを論じる前にきわめて簡単に、西田が「弁証法的一般者の世界」から以降どのように言語を理解していたかをみておきたい。

「弁証法的一般者の世界」では、「言語は単なる知的内容の表現ではない。言語は固（もと）独語ではなくして、会話でなければならない。言表は先ず命題という如きものではなくして、命令と応答という如きものでなければならない。我々の社会生活そのものの自己限定の内容として、表現の内容というものが成立するのである」（Ⅶ-二二八・九）と言われていて、言語という表現の本質が、「単に一般的なるものの自己限定として現れるものではない、単に動物的情緒の発現ではない。然（しか）考えるのは、唯発生学的見方に過ぎない。言語の本質は人と人とが相対する所、人と人との思想の媒介となる所にある」（「世界の自己同一と連続」、Ⅷ－二九）とされる。この行動主義的に捉えられた言語にこそ西田の見た人間の言語の特質があるのだが、しかしこの点もここで取り上げる前に、言語は「表現的物」（「世界の自己同一と連続」）とされ、「広義の道具」（「論理と生命」）と言われ、「技術として考うべき」（「経験科学」）と展開される内容を追っておく。まず「表現」、「道具」、「技術」ということについてみておこう。

二－二　道具となって表現する技術

先に主客の一を成立させる秘密は西田によって捉えられた「表現」という事柄にあると述べたが、主・客関係を成り立たせる根本は表現関係にある。表現関係からむしろ主・客が、個物対個物の関係ということで言えば自他が、成立する。たとえば次のように言われる。「主観とか客観とかいう独立の実体があるのではない。主客の対立は絶対に相反するものの自己同一によるのでなければならない。弁証法的世界の自己限定として可能なるのである。主観客観の対立は却（かえ）って我々が行為によって物を見る所から考えられるのである。物は何処までも我に対立するものであり、我々が道具を以って物を作ることを私は技術と云った。技術というのは単に主観に属するものではない。我が物の中に入ることである、物の働きが我の働きとなることである。［……］眼が物を見るということは既に技術的でなければならない。それは歴史的自然の技術でなければならない。［……］道具を以て物を作るという所から、人間というものがある」（「論理と生命」、Ⅷ―二九七・八）。

画家の場合を例にとって言えば、画家の関心に訴えてくる風景をスケッチするとき、画家は物の中に入る。絵画がアトリエで制作されるとき、物の現れは画家の働きとなる。私を描いてほしいという風景の語りかけは、また画家の内面から聞こえていて、物の内に画家の心があり、画家の心に物が表われる。外に内があり、内に外がある、というようなことが、表現的関係である。しかしそれは、たんに内外の区別がなくなるということではない。俳句において切れ字が句を物の無限な表現的空間に開き、かえって広く深い詩的宇宙を響かせるように、あるいは一拍一拍と刻まれるリズムは切断することでかえって次の一拍を呼び出しているゆえに、「リズムとは独立的なるものの内的統一」（「歴史的形成作用としての芸術的創作」、Ⅹ―二四〇）であるように、切ることがむしろ結びつけをなすという仕方で、すなわち切断が連続を生むことによって、「表現」は成立している。

したがって西田において「有る」ことの根本構造と捉えられた「表現」とは、非連続の連続として、切断する否定性を通して成り立つ。その否定性は本質的には自己に向かっていて、しかし「自己否定に於て」すなわち「他に於て」、かえって「自己を有つ」ことになる。「他に於て自己を有つことが表現と云うことである。〔……〕甲は絶対の他としての乙に於て自己を有ち、乙は絶対の他としての甲に於て自己を有つ。かゝる世界に於ては物と物とは絶対否定を媒介として相互限定する。すべて物は絶対の他に於て自己を有つ。かゝる世界そのものが絶対否定に於て自己を有つ」（「物理の世界」、ⅩⅠ―一二・一三）ことにおいて、自己自身を表現する世界が成立する。「世界（場所）」がこのような表現構造を有すから、個物が表現的なのである。つねに絶対矛盾的自己同一の「世界にある」ということから考える、ということが西田哲学の根本的思考法である。

「見る」ということも、「世界」において起っている右に述べたような「表現」の働きである。それゆえ「見る」ことにおいて、我々の行為は「物によって呼び起こされ」(「経験科学」、Ⅸ-二四〇)ることになる。したがって、物が「我々に与えられるのでなく、寧《むし》ろ我々が与えられる」(「経験科学」、Ⅸ-二五二)というところに、西田の捉えた「表現」という事柄の真骨頂がある。

「物と我」の表現関係は、人間同士の具体性においては、「我と汝」の関係となる。その関係は、個物対個物ということでは、「彼と彼」と言われる。「無数の個物の相互限定に於て個物と考えられるものは、彼というものである。〔……〕歴史的世界に於てあるものとしての彼と彼が弁証法的に相対する時、私と汝と考えられるのである。我々が意識的自己を否定して行為的自己の立場に立つということは、私が彼の立場に立つことである、私が彼となることである。〔……〕我々は彼の立場に於て主観的・客観的に物を見るのである。私が働くということは、私が彼の立場に立つことである。汝が働くということも同様である、〔……〕物の世界というのは彼の世界である」(世界の自己同一と連続」、Ⅷ-五六・七)。

「行為的自己」は、一等初めから物の世界、彼の世界に出ている、「我々の自己は既に外に出て居る」(「生命」、Ⅺ-三四六)。逆に言えば「彼」が「私」になっているわけだから、「真の客観界は自己に対するものでなくして、自己を包むものでなければならない。我々が於てある世界でなければならない」（「経験科学」、IX－一三九）。つまり世界は「私」がその中に居る世界ということになる。したがって「内から外へは、逆に外から内へである。［……］是に於て自己がそれに於てあった空間は、逆に自己展開の場所となる」（「生命」、XI－三六二）。客観的世界こそが、「我々を生む」（「経験科学」、IX－一九八）のである。

主観と客観、自己と他者がまずあって両者が関係するのではなく、関係のほうが先にあって、関係の中から、両者がいわば切り結ぶようにして自生してくる。「経験あって個人ある」と言われたことは、このように「関係あって自他あり」に具体化されたのである。もっとも、経験の外、関係の外は「無い」、つまり外に出ていたはずの自己は内にこもる、ということになるが、その「無」の質がますます先鋭化した問題として解決を迫ってくることになる。「表現」の核心にある、連続を生む「切断」の意味が、決定的になっていく。

このように「物」を「表現的」に「見る」ということが「我」を生み、「我」が動作を立てて何かを「作（な）す」、あるいは人為的に何かを「為（な）す」ということに展開していく。そのさい人間の行為の特性は、基本的には道具を使ってなされるところにある。道具の特色は、誰にとっても使用可能という客観的存在性にある。道具を使って「なす」、ということは、言い換えれば、行為を対象的に意識化することである。

「私」が自ら直接行う動作でも、身体は道具となっている。手でものを直接食べるばあいでも、身体として機能している手は道具として働いていて、箸やフォークは手のメタモルフォーゼである。免疫の問題があるにせよ、臓器移植が可能なように、身体も物と同様に誰か他者にとっても使用可能という客観性を有する。「身体を道具にして有つという立場に於て、世界はどこまでも意識的」(「論理と生命」、Ⅷ-三〇八)なのである。つまり客観的世界の表象と結びついて「作る」ことがなされていることと、人間の「作る」ということが道具使用を本質にすることとは、一つに結びついている。したがって「道具を以って物を作り、為す」ところに、「人間の作る」すなわち「技術」が成り立ち、しかもそのことが「表現的物となって行う」ことであるところに、西田独自の「技術」概念がある。

三 「言語は魂の技術であり、詩の世界は純なるファンタスマタの世界でなければならない」(「歴史的形成作用としての芸術的創作」一九四一年)

三-一 身体としての言語

西田は行為的直観の説明を、身体の働きを集約した手の働きからも行っている。手の働きにおいて「作ることと知ることが一つ」(「生命」、XI-三〇二)だからである。手で触れて、付けたり(綜合)離したり(分析)して知るわけであり、また手は作り為す道具でもある。この元態的一性において、自己の身体を、つまりその器官や機能を、(行為的直観的に)意識に投射する自覚的事態において、身体である手は言語へと深まる。「我々の身体が話す身体にまで深くなる」(「論理と生命」、Ⅷ-三〇九)。そもそも「身体とは、自己自身の内に自己表現的要素を含んだ組織である。[……]それは一つの世界的形態、場所有でなければならない。［……］それは何処までも物質的存在の意義を越えて、表現的存在の意義を有ったものでなければならない。云わば、言語的存在の意義を有ったもの」（「生命」、XⅠ-三〇四）なのである。しかしまた「話す身体」でも身体であるかぎり、「自分の体の中から自分の体がわかるのではなくして、外から自分の体が段々わかってくる」（「信濃哲学会のための講演」、XⅣ-二八一）という事態から遊離するわけではない。

身体が言語へと深まることで、道具を以って作る「技術」が成立する。「我々の作業の言語的表現なくして、我々は物を作ると云うことはできない」（「生命」、XI－三一〇）のである。言語的に表現するとは、「世界の記号面的自己表現、即ち言語的自己表現面［……］記号的自己表現面として一般概念」（「論理と数理」、XⅠ-七九）の立場、西田の言う「超越極」の方向に立つことである。

しかし「時が空間を破ることは逆に空間が時を破ることである、時間が空間を否定することは逆に空間が時間を否定することである。云わば時間的に破られた穴が直に空間的に埋められる、空間的に切られた時間が直に時間的に繋がれる」（「生命」、XⅠ-三三〇）というところに事態の真相がある。時間は内在極、空間は超越極と言い換えても同じである。内在と超越は、互に破られ否定されることで、かえってそれ自身にあることになる。

すなわち内在が超越に破られて物は記号化され、逆に同時に超越が内在に切断されて記号は自己形成的になる。「言語は右の如く我々が超越的自己の立場から世界を表現する表現の手段であると共に、それは又何処までも歴史的身体的にポイエシス的でもあるのである。言語は魂の技術である」（「歴史的形成作用としての芸術的創作」、X–二四三）。つまり言語は記号的、概念的に世界を表現する「手段」であると同時に、それ自身ポイエシス的、つまり「作る当体」となる。というのも「自己表現的世界は即自己形成的世界であり、自己形成的世界は即自己表現的世界」（「生命」、XI–三一〇）だからである。

「表現すること」は、すでにいつも同時に、「形成すること」として成り立っている。この事態の発見が西田に、「永遠の未来が永遠の過去に現れて」（「空間」、XI–一九七）いながら日々新たであるところに「歴史的」ということを、あるいは「矛盾的自己同一」という術語を呼び出させたのである。「言語」も深くこの事態に根ざす。「物を名づけるということは、既に使用することである」（「論理と生命」、Ⅷ–三一〇）と言われているように、言語的に表現することが、すでに物を道具化して使用することを意味し、「物となって行う」技術にそのまま直通しているのも、「表現即形成、形成即表現」だからである。

物の方から言えば、物はそもそも自己表現的であるから、名づけられるのを待っている。「物は単に道具的であるのみならず、自己自身を表現するものでなければならない。同時にそれは名を有つものでなければならない、命名作用の対象となるものでなければならない」（「論理と生命」、Ⅷ–三〇八）。すなわち名づけられることで物の自己表現は、世界における表現となり、一般に道具として使用されるようにもなる。物をこのような在り方にもたらす言語も、世界表現であることにおいてそれ自身も道具となり、技術となってそれ自身働くもの、作るものとなる。

三-二　詩的言語

先の引用で、「表現即形成」と説明された直後に、言語が「魂の技術」と言われ、次に示す引用にあるように、純粋言語である「詩」は「純なるファンタスマタ」とすぐに述べられ、それゆえ言語の純粋本質は「ファンタジイァそのものの表現」であると展開されていく。

この文脈に、西田の隠れていた言語理解が読み取れるのではないか。すなわち、技術は言語において純粋な魂の働きとなることが、この文脈が見つめていた要旨だったのではないか。

表現が形成となるそのこと自身、すなわち「表現即形成」の「即」の現れが、物となって働く技術としての純粋な魂の表現的働き、つまり「詩」のことを意味し、言語の最深の本質はここに見出されていたということである。「純粋経験」それ自身の出来事が言語においてこそ起っている、そのことが見届けられていたのではなかったか。ともあれそこまで話がおよぶ前に、もう少し前にもどって西田の論述を追っておこう。

まず次の引用から、「魂」とは「共通感覚」のことを指していることは明らかである。「私が何処までも世界を内在的に見る歴史的身体的立場と云うのは、アリストテレスのセンスス・コムムーニスの立場とも云うことができる。それはプシケ即ち魂の立場である」。

魂の働きである共通感覚の世界は、想像的形相とその作用の世界である、とさらに叙述は続けられる、「その世界はファンタスマタ即ち想像的形相の世界、ファンタジイァ即ち想像作用の世界である」。

さらに想像的形相は、概念的である言語的形相であるとされる、「想像的形相即ちファンタスマタは、言語的形相でなければならない、即ち概念的でなければならない」。

広義の意味で言語化（客観化・抽象化・概念化・記号化）することで対象からの自由が得られて、技術が成立する。「表現運動の経験が把握せられ、我々に自由となる。そこから我々の技術が生れて来るのである。何となれば、表現運動と云うのは、単に機械的でもなく、生理的でもなく、その生成の根柢に於て広義に於てのファンタスマタと結合して居る」ことから、技術の自由は得られるのである。そこから「ファンタジイァの対象はロゴスであり、ファンタスマタの内容はロゴス的でなければならない。言語は魂の技術であり、詩の世界は純なるファンタスマタの世界でなければならない。［……］唯詩のみが真に自由の芸術である。［……］言語はファンタジイァそのものの表現である」（以上の引用は「歴史的形成作用としての芸術的創作」、X-二四四～四七）、と一気に論述は進められる。

ギリシャ語の「ファンタジイァ」は、「感覚する能力」を意味している。外から物を受け取る感覚という受動性をベースにしながら、それを「或る物」、すなわち「或る規定された物」、つまり「何かある形」として受け取るという能動性との交互規定の能力が、あるいは受動する能動性が、想像作用、ファンタジー、であると考えられる。それゆえ想像力、ないし構想力（ある像の形を作る力、Einbildungskraft）が、「感覚と思惟」、あるいは「感性と悟性」を媒介するものとされたのである。だから内と外との表現関係の直観も、やはりこの能力に基づく。つまり魂の働きである。共通感覚の源泉地は、想像力にある。想像力を西田は「言語力」とも理解している。「知的自己の立場［……］そこには周辺的世界が成り立つ」（「世界の自己同一と連続」、Ⅷ-一〇三）、すなわち一般化される（知的にとらえられる）ことで個々の存在者の実存性の形（概念的にとらえられた形）が揺らぐ（肉眼で見られない「世界」というものが見られる）、そういう自由の揺らぎに立つことを、物を「一つの言葉という概念の形」にもたらす想像力・構想力、つまり言語力が、もたらすからである。それゆえ純粋な想像力だけの世界である詩は、「純なる言語的形相であるファンタスマタの世界」とされる。言語の本態が詩であると考えられていたから、「言語はファンタジイアそのものの表現である」とさらに述べられる。

「私が何処までも世界を内在的に見る歴史的身体的立場」と先の引用の冒頭にあるが、たんに「歴史的身体的」ではなく「何処までも」と言われているところに、「身体的方向に於て身体を越え」（「歴史的形成作用としての芸術的創作」、X－二三二）るという含意が隠れている。内に何処までも深くなれば、「内の底に外」（「弁証法的一般者の世界」、Ⅶ－三七四）が開ける。その「内の底に外」の「底」は「歴史的世界の底」（「論理と生命」、Ⅷ－三九〇）である。表現的なものが現れるのも、その底である。そこは先に述べた「表現即形成」の「即」、すなわち「純粋経験」が動いているところである。「何処までも内在的」な言語の純粋な本質であるファンタジーにおいてこそ、「表現即形成」である「純粋な経験そのもの」が現れる。そのような経験において有ることが、言語という「魂の技術」なのである。

すなわち「表現する、即、形成する」の成立する次元は「作られたものから作るものへ」と、あるいは「表現するものが表現されるものへ」と、つねに展開し反転している世界である。というのもそこは、個物が成立する「個物と個物」の関係性の次元だからである。個のうちに種という普遍性があるゆえに個物はすでに世界であるから、それは「世界と世界」の次元と言ってもよい。だからその関係は、「鏡と鏡」の映し合いのようになる。そのばあい、映すものがまた映されるものであり、その映すということ自身は無限に展開している。このような「無限に映す」ことが「映し合う」ということに治まる関係が、「表現即形成」の「即」であろう。そこは動くことそのことがとどまることに包まれているところだから、場の気流のようなものが起る。この気流に乗って「即」に透通し映通する技術が、共通感覚として働く魂の働き、すなわち言語である、と言ってよいであろう。そこにおいて物の「純粋さ」は、内の底の「直接性」である。もっとも具体的なものに触れるのである。

四　「非理性的なるものは、唯言葉によってのみ表現せられる」（「場所的論理と宗教的世界観」一九四五年）…言葉は救済たりうるか

四－一　「言葉」の力

西田は言語の固有の本質についてつねに関心をもっていたにもかかわらず、それは芸術という問題の領域の中であったし、そこを出て取り扱われるばあいにも、言語の決定的な意義を認めるにはなお懐疑的である。「無論言語という如きものに於て自己自身を限定する個物の世界が考えられるというのでない」（「世界の自己同一と連続」、Ⅷ－二九）、「言語というのは単なる符号ではあるが」（「論理と生命」、Ⅷ－三〇八）、「言語は経験に対応する。併し言語は人間によって作られたものである。それによって何

処までも忠実に経験を再現することはできない」（「経験科学」、Ⅸ－二三二）、「言語の如きものでも、それは単なる音声としてではなく、意識的自己の形成として表現的である。併し［……］真に自己表現的なるものは［……］」（「空間」、ＸⅠ－一九六）、と否定的言説を拾うことができる。しかし「言語」ではなく「言葉」と言われるばあいがあって、そのさい西田は「言語」の不可思議な力の間近に身をおいている。

「言葉」という言い方のばあいには、「聞く」ということが強調される。「神の言葉［……］それは聞くべくして見るべからざるもの」（「弁証法的一般者の世界」、Ⅶ－四二八）と言われ、「見る」と「聞く」との相違について、次のように指摘される、「世界の自己表現の内在的方向に於て我々は見ると考える。之に反しその超越的方向に於て我々は聴くと考える」（「伝統」、ＸⅠ－一九二）。

「個と個」と「世界（場所）」の問題が西田哲学の命脈であるから「非連続の連続」の問題はつねに論じられてはいるが、絶対的に超越的なもの（神）と有限者（人間）との表現関係がテーマ化された考察が、原理的にも最終的な西田哲学の剣が峰となる。「行為的直観をも否定する［……］道徳をも否定する」（「弁証法的一般者の世界」、Ⅶ－四二八）ところ、姿が隠されその影さえ見失われた絶対的隔絶においても、なお両者には表現関係のひらけがある。この事態においておそらく唯一有効に関係性を開くものが、「言葉」である。「何処までも自己自身を表現するものと、表現せられて表現するものとの関係は、表現的関係に於て把握せられなければならない、即ち言葉に於てでなければならない。言葉が神と人間との媒介となるのである」（「場所的論理と宗教的世界観」、ＸⅠ－四四一）。

独立した両者を相対せしめ、想像力を源泉にしているゆえに夢見ることができて、「非理性的なもの」をも表現にもたらすことができる言葉においてこそ、「何処までも現れないものが自己否定的に現れて居ると云うことが、表現せられて居る」（「空間」、ＸＩ－一九七）ということが起こる。しかし表現の初めに表現を発（おこ）すという事実がなければ、表現は発（ひら）けようがない。この表現をおこすものが、「悲哀」である。

四－二　悲哀が言葉となる時

「我々の自己の底に深い自己矛盾の不安」（「弁証法的一般者の世界」、Ⅶ－四二八）がある。「我々の行為の動機は単に内から起こるものでない、然らばと云って単に外から与えられるものでもない。故に我々は我々の行く所を知らない」（「弁証法的一般者の世界」、Ⅶ－三五九）。「すべてのポイエシスに於て、私が物を変ずるばかりでなく、物が私を変ずる」ゆえに「一切の行動に於て、我々は大なり小なり危機の上に立つのである。我々の日常性の世界は直に危惧の世界」（世界の自己同一と連続」、Ⅷ－七〇）なのである。「自己の永遠の死を知るものは、永遠の死を越えたものでなければならない、永遠に生きるものでなければならない。而も単に死を越えたものは、生きたものでもない。生きるものは、死するものでなければならない。それは実に矛盾である。併しそこに我々の自己の存在があるのである。私が宗教の心霊的事実と云ったものは、此にある」（「場所的論理と宗教的世界観」、ＸＩ－三九五・六）。「悲哀」と言われた背景には、このようにさまざま語られる事柄がある。

「単なる苦楽の世界ではなくして、喜憂の世界、苦悩の世界、煩悶の世界」（「場所的論理と宗教的世界観」、XI-四二七）において自己存在そのものが問われるところに、「悲哀」が生じる。悲哀はここでたんに主観的な感情的なものではなく、存在論的で実存論的な性格を帯びる。悲哀において、情意が存在論的になることでさらに宗教論的なところに転換する。「我々の自己の貴き所以のものは、即ちその悲惨なる所以のものである」（同所）という矛盾において、「かなしみ」が「悲願」へと二重化する、「悲」を「慈しむ」（慈悲）ということがおこる。神仏の側にも慈悲や愛という「悲哀」が動く。そのことが、「神霊的事実」であろう。絶対者の側において、絶対者であるがゆえに絶対に自己を否定するところに、悲哀が生じ悲願が動き慈悲が働く。この事態において絶対的隔絶にもかかわらず慈悲を届けるものが、「言葉」である。それは「呼び声」として、「言葉」として届く。「称名」とはそのような言葉であろう。

「場所的論理と宗教的世界観」において、西田は『日本的霊性』の鈴木大拙に呼応して、「浄土真宗の如き悪人正因の宗教があるのである、絶対愛の宗教が成立するのである。親鸞一人の為なりけりと云う」（XI-四三六）と、歎異抄のなかでもことに「親鸞一人が為」を取り上げている。「天上天下親鸞一人」が聞いているというように聞くことができるのは、称名が自己から起るのではなく仏の働きとして生起しながら、その働きが自己の根源の働きとなるからである。だから「呼び声」が「自己」に届く。「呼び声」は、「外の内」から、すなわち「内の底に外」のその「外の底に内」からおこっている。どこまでも隔絶しながら、超越が内在するという矛盾的事態は、「出ること」（超越者としての外）が「返ること」（自己の根源としての内）であるばあいにのみ可能である。

「仏教に於ても、真宗に於ての如く、仏は名号によって表現せられる。名号不思議を信ずることによって救われると云う。絶対者即ち仏と人間との非連続の連続、即ち矛盾的自己同一的媒介は、表現による外ない、言葉による外ない。仏の絶対悲願を表すものは、名号の外にないのである。〔……〕言葉はロゴスとして理性的でもあるが、又超理性的なるもの、否、非理性的なるものは、唯言葉によってのみ表現せられる。〔……〕キリスト教では、太始に言葉ありと云う。而してキリストについて「言葉肉体となりて我等の中に宿り給えり」と云う。仏教に於ても、名号即ち仏であるのである」（「場所的論理と宗教的世界観」、XI-四四二・三）。悲哀が孕まれて、言葉（すなわち「名号」）に出る、そのことで救いが成就するとすれば、表現としての言葉が、死すべく定められながらここに新たに自己を創造するからである。「歴史的形成的世界に於て、表現とは力であるのである、形成作用的可能性を云うのである」（XI-四四〇）。

「名号即ち仏」であるのは、表現がすなわち形成だからである。「表現即形成」の「即」に、言葉の力はもとづく。そこに純粋経験の出来事そのものがある、と先に指摘しておいた。純粋経験は言葉の出来事として読み取ることもできる、と言ってよいであろう。悲哀が言葉となるとき、ひとは生命の根源としての純粋経験の内に立つ。「すべて発展とは、その根元に返ることである。生命は人間的生命に至って生命の根元と結合する。故に人間は言語を有つのである〔……〕我々は我々の世界の自己表現的要素として言語を有つのである。か丶る関係の極限に於て、表現するものがせられるものとして、我々の自己が自覚するのである。〔……〕人間に至って、表現せられたものが表現するものとして、生命が生命自身に返るのである。世界が世界自身を自覚するのである。実在が自己自身を表現するのである」(「生命」、XI-二〇八・九)。だから人間の救いは言葉の中に成り立つ、と言ってよいだろう。

第四章　悲哀の身体

「経験」という事柄の中に有る根源性とその多様な有り方を探り、「経験」が「意識現象」と言われる、その「意識」をめぐっての考察を踏まえ、さらに「自覚」と「言葉」を通して、「悲哀が言葉となるとき」にまで考察がおよんだ。本章では、「身体」を手がかりにいよいよ「悲哀」に焦点を当ててみたい。

一　「身体」という視座

西田の周辺において一九三〇年代、「人間学的哲学」という問題視圏の中から「身体」問題が論じられていた。三木清、和辻哲郎、高山岩男、木村素衛等である。田辺にも身体論がある。西田は自らの身体論について、彼らからの影響を語ることはなかったが、そのことは、西田から出た問題を、西田自身が回収するということだから、自己自身の内なる問題であった、ということを示すのかもしれない。

身体問題はその後一九八〇年代前後から現代にいたるまで、各分野でさまざまに論じられている。近代哲学の世界観のパラダイム変換を意図した廣松渉『心身問題』（青土社、第三版二〇〇八年）、心身二元論に対して一元論に立つ坂本百大『心と身体　原一元論の構図』（岩波書店、一九八六年）、生きた身体を問題にしようとした市川浩『精神としての身体』（勁草書房、一九七五年）、解剖学の医師である養老孟司『日本人の身体観の歴史』（法藏館、一九九六年）等々、身体問題についてその他枚挙にいとまがないほど多くの論述がある。もちろん現象学からのアプローチも見逃せない。

しかし西田哲学の身体論を主テーマにする論考は、身体についてしばしば言及されることがあっても、以下のような論考等があげられるぐらいで、意外に少ない。湯浅泰雄『身体論　東洋的心身論と現代』（初版　創文社、一九七七年）において、一節が与えられている。野家啓一「歴史の中の身体　西田哲学と現象学」（上田閑照編『没後五十年記念論文集　西田哲学』創文社、一九九四年）が、現象学から見た西田の身体について詳細に記述している。

身体という問題に焦点をあてて西田哲学を追って見ることは、西田哲学の根源的根柢である「純粋経験」の有りようと行く方を見とどけることになるゆえに、きわめて重要でもあるし、身体への論究は西田哲学理解の一つの王道をゆく道を歩むことになる。しかも身体という有り方の具体的個別性に主眼をおくことは、西田哲学が抱える深層の問題にもっとも深くかかわる。その点は後に採りあげるが、まずは以下のような問題に、身体において元（はじめ）から直面することになる。

「個人的区別よりも根本的である」経験を根柢にして、そこにおいて、そこから哲学するということには、西洋哲学の底まで行って、そこを破って哲学を新たにするような展開が内包されていて、だからこそ現代においてこそ大きな意味を持ちうるものである。しかしその展開には、本源的な問題性が宿っている。経験の根柢となっている、精神と自然に共通の根源的統一力（「一性」ないし「自」）が、そのつどそのつどの事実（「多性」ないし「他」）と結びついているところに本質がある経験と、内面的にいかに結び合うかという問題、それが『善の研究』以降に残る。純粋経験を実在の根柢として説明する、すなわち言い立てる、ないし提示する（ドイツ語でいえば、darstellen する）、ということ自体は大きな立場であるが、その立場の内面からロゴスの筋を通してみるということがなされなければ、哲学としてはなお未展開である。

しかも「経験」という事柄に、ロゴス化ということを拒む働きが本質的にある。というのも、経験は、そのときそのとき見たり聞いたりするという個々の事実との結びつきなしには成り立たないからである。身体ということにおいて、その問題は尖鋭化する。そこには古来からの「理と事」の問題が、避けられない事柄として現れる。そこに現われる問題は、学という哲学自身の問題であると同時に、自己が本当の自己になるという問うものの当体の自己の問題という二局面に関わり、その両者が一つに結び付いているところにまた哲学という試みの特性がある。

個々の事実の具体性と結びついた身体の感覚は、個々に異なるそれぞれ独自の事物の有り方を捉えている。一方、このリンゴとあのリンゴとはそれぞれ異なる個物であるが、同じリンゴと捉えるのが、言葉の、あるいはロゴスの働きである。差異性・具体性を本質とする感覚と、同一性・普遍性を本質とする言葉（ロゴス、理性）とを一つにする働きは、たとえば芭蕉の「風雅の誠」と通じあう。流行する刹那に閃く物の光を、不易である言葉の光にすることが、「不易流行」である。もっとも物質性から遠いところに立つ「詩」においてかえって物に即する道があって、矛盾的に重層する問題を抱えながらも、「表現」という事柄において、詩の言葉は、哲学へ開かれ、さらに宗教と通じていく。

しかしそのように同一性と差異性とを、あるいは絶対に矛盾するものを一つに結ぶためには、感覚性も言葉も、通常の理解の底を割って、極限が推移するようなある変容（メタモルフォーゼ）を果たさなければならない。その変容は、矛盾という事態を根本にするのだから、なだらかにはなされえない。西田は自己の生命のリズムを、旋律ある口ぶりの短歌に響かせ得たにもかかわらず、論文の語りぶりは、問題を打ち破ろうとしてゴツゴツと打ち込む槌音のようである。その音には、言葉の変容の苦しみが聴こえるように思う。西田哲学を追っていくとき、単行本となった著作ごとに見ていきがちだが、論文ごとに発表の年月日をたどっていくと、時にペースの違いはあっても、三から四カ月で一本の論文を仕上げるという歩み方を生涯心がけていたように思える。哲学論考の中で生涯の生活があった、という事態をそのことは雄弁に語っている。逆にいえば、生きるということが哲学の内にいつも息づいていた、ということである。だから最晩年の西田が「呼吸するも一つの快楽なり」と書いた言葉は、哲学にとっても生にとっても、両者の区別なくそよぐ春風の中に身をおくことができたことを暗示しているようで、この言葉に深い感銘を与えられる。

西田は日々哲学することを鶴嘴（つるはし）にして、「場所的論理」という新しいロゴスの鉱脈に届いたが、そこでもう一度はじめの一歩に還って根源的に問われることがある、理が事と同一でありうるかどうか、あるいは両者が同一であるとは何を意味するのかと。「身体」を主視座にするということは、この最深層の問題にどこまでも深くかかわろうとすることである。

二　西田哲学を貫く「知と愛」

『善の研究』の成立事情については、以下のように第一章で述べた。

すなわち『善の研究』の目次順に原稿が書かれたわけではなく、「第二編実在」（明治三九年）、続いて「第三編善」（明治四〇年）、と執筆された。さらに明治四一年八月に、「純粋経験と思惟、意志、及び知的直観」というタイトルで『哲学雑誌』に発表された原稿が、「第一編」となった。ついでその年の一〇月以降、第四編の「宗教論」も執筆されが始め、翌年五月と七月に発表された雑誌論文が、「第四編」となった。第四編の最後の章、第五章「知と愛」は、明治四〇年八月に発表された原稿である。

このような原稿の成立状況からみると、第一編は当初「実在と人生」というタイトルが構想されていたように、明確に「人生」との関連が第一編の論述を導いていた、と想定される。「人生」は、西田が「宗教」という言葉で語ろうとした事柄を意味する。「宗教」と言っても、特定の教団を想定したものではなく、生きることの根本義を指し示す言葉である。「純粋経験」という事実に内在する西田の理解している「宗教」という問題を述べることで、「余が云おうと思うて居ることの終まで達」するのである。この第一編の次に第四編が書かれた。その間に、「知と愛」が叙述された、ということも既に述べた。つまり「思想の根柢と宗教」の間の「と」にあたるものが、著作順序に注目すれば、「知と愛」という事柄であったと位置づけられる。

同一の精神作用である「知と愛」は、「我々が自己の好む所に熱中する時はほとんど無意識である。自己を忘れ、ただ自己以上の不可思議力が独り堂々として働いて居る。この時が主もなく客もなく、真の主客合一である。この時が知即愛、愛即知である」と言われていたように、純粋経験の事柄である。「知即愛」とは、すなわち哲学から宗教へ通じる途を示し、また「愛」が「知」を呼び覚ますということが「愛即知」である。執筆の過程では哲学思想（第一編）と宗教（第四編）との間となった「知と愛」は、著書『善の研究』の最後の章となった。哲学と宗教とをつなぐ「知と愛」が『善の研究』の最後のテーマとなったということは、ここから改めて西田哲学が哲学として始動していくということである。純粋経験は、「知即愛、愛即知」として、西田「哲学」の根柢として貫かれていくことになる、とも第一章において述べた。

西田の考えていた「哲学知」は、「知即愛、愛即知」として働く「経験知」あるいは「身体知」を本質とするものであった。そのような「知」の理解を導いた「知と愛」は、アウグスティヌスに由来していた。

退職以前と退職以降の間に書かれ、発表された「アウグスチヌスの自覚」(昭和三(一九二八)年七月)は、『善の研究』以降の発端がアウグスティヌスの「知と愛」であったように、退職後以降の西田の展開も、「知と愛」の根柢である「自覚」をアウグスティヌスに問い直すことによって立ち位置を再確認することから始められた、という見方も既に述べた。

三 「アウグスティヌス公案(汝名は何ぞ)」としての西田哲学

三―一 人格的存在

西田は「形而上学的立場から見た東西古代の文化形態」(昭和九年)において、「キリスト教が西洋文化に貢献したものは人格の考であった。[…] 罪を負う自由意志的人格の考はキリスト教に基くものでなければならない。中世哲学の始に於て、最も深い人格の意義を哲学的に明にしたのはアウグスチヌスであった。」(Ⅶ-四三二)、と指摘している。西田はしばしばアウグスティヌスの名を挙げるとき、アウグスティヌスが存在を人格的に把握したことにふれている。たとえば「人間学」(昭和五年)の中でも、「アウグスチヌスは我々の体験の底に最も深い意味において「有るもの」として人格的実在を見出した。」(『続思索と体験 続思索と体験以降』、岩波文庫、二九頁)と言われる。

人格的存在とは、手段ではなく目的として扱われるべき存在ということ、言いかえればそれ自身に自立的固有の価値をもった自由な存在のことである。自由な存在ということは、悪をも為し得る否定性をも有つ存在ということでもある。したがって人格的存在において、自己がいかにあるべきか、自己が自己であることが、根本的な問題となる。だから「アウグスチヌスの哲学の問題は［……］実に彼の自己の問題であった」（同書、二七頁）のである。

古代において「自己」が非人称的なダイモンと結びついたプシュケーと同一化して感じられていたのに対して、欲望・意欲・自由意志が独自の内面性の空間と結びついた、他者と異なる「個人的自己」という有り方が、三〜四世紀ごろに出現する。この自己同一性の新しい形式をアウグスティヌスが経験した（参照：ジャン＝ピエール・ヴェルナン「都市国家における個人」、『個人について』、法政大学出版局、一九九六年、四二頁、および四五頁以降）ところから、アウグスティヌスの、つまり中世キリスト教神学は始まり、それはヨーロッパの個人主義の背骨となった。

個別的自己とは、個々の固有の名を有つ存在のことである。この点について富松保文は、次のように述べている。「このように個人の内面に眼を向け、そこに無限の価値を見いだすことができるためには、同時にまた、個々人が「たったひとりでそれとともにあるような唯一の神」が必要であった。そしてその神は、世界全体の面倒を見るような「インパーソナルな」神ではなく、特定の個人のみに関わる「パーソナルな」神である必要があった。すなわち、「あなたは誰なのか」という問いかけや呼びかけに対して一人称単数で応じ返すことのできるような、個としての、人称的な、人格的な、神である必要があった。孤独のなかで、外の世界と隔絶した自分自身の内面を深く覗き込むことで、その奥底に、私とともにのみあるような唯一の神を見つめる「剝き出しの個人」が生み出されてくる。

〔……〕／世界が〈インパーソナル〉な場所になっていくのと引き換えに、私と神とが〈パーソナル〉なものとしてその輪郭を際立たせてくる。」（『アウグスティヌス〈私〉のはじまり』、NHK出版、二〇〇三年、二四～五頁）

そもそもユダヤ教の成立においても、「その名はなんというのですか」という問いに答えるものとして神は、モーセと向き合っている。その問いに神は、「私は、有って有る者」と答える。ラテン語訳聖書では、この個所は「ego sum qui sum」となっており、いわゆる「在りて在る者」という訳はあまり適切ではなく、共同訳では「わたしはある、私はあるという者だ」という訳が採用されている。

互いに「名のるもの」として向き合う関係が、「人格的関係」であるが、『善の研究』では、「人格の要素」として「自覚、意志の自由、愛」を認めながら、「この三つの者を以て人格の要素となす前に、これらの要素が実地において如何なる事実を意味し居るかを明にして置かねばならぬ」（『改版善の研究』、二四一頁）と述べられ、「神は人格的であるというも〔……〕むしろ主客の分離なく物我の差別なき純粋経験の状態に比すべきものである」（同書、二四四～五頁）とされる。神は、哲学的議論の対象となる前に、「実地における心霊的経験の事実」（同書、二四八頁）において立つ。

三－二　「人（にん）」の「名」

このような「純粋経験の状態」を人（にん）の働きとして表現すれば、次に引用する、『臨済録』の「一無位の真人」とよく通じるかもしれない。

「赤肉団（しゃくにくだん）上に一無位（むい）の真人（しんにん）有って、常に汝等諸人の面門（めんもん）より出入す。未だ証拠せざる者は看よ看よ。（この肉体には無位の真人がいて、常にお前たちの顔から出たり入ったりしている。まだこれを見届けておらぬ者は、さあ見よ！ さあ見よ！）」（入谷義高訳『臨済録』、岩波文庫、一九九一年、二〇頁）息をする事実のただなかに、「人」が立ち現われている。

この真人は、言葉からいつもすり抜ける。「古人云く、説似一物則不中と。你（なんじ）但（た）だ自家に看よ。（『それと言いとめたらもう的はずれ』と古人は言った。君たち、ただ自分の目で見て取れ。）」（同書、一四〇頁）またこの真人は、「名」の中にいない。「心法は形無くして、十方に通貫し、目前に現用す。人は信不及にして、便ち名を認め句を認め、文字の中に向って仏法を意度（いたく）せんと求む。天地懸（はる）かに殊（こと）なる。（心は形なくして十方世界を貫き、目の前に生き生きとはたらいている。ところが人びとはこのことを信じ切れぬため、〔菩薩だの涅槃だのという〕文句を目当てにして、言葉の中に仏法を推し量ろうとする。天と地の取り違えだ。）」（同書、四七ページ）

哲学の根柢として純粋経験を提示する「説明」から、純粋経験の内面からそのロゴスをたどる哲学としての「説明（開明、ドイツ語でaufklären）」は、「説似一物則不中」である真人の働きを、禅では否定された「名を認め句を認め、文字の中に向って」言い止める試みとなる。さきに述べたように、西田が一貫して名を有った人格的存在を実在の根本に見ていたアウグスティヌスを懐の奥に置いて、自己の思索を確かめていたことを踏まえれば、西田哲学の歩みは、「純粋経験」に、「汝名は何ぞ」と問ういわば「アウグスティヌス公案」拈提（ねんてい）の工夫であった、と言ってもよいであろう。

その工夫を理解する手がかりは、キリスト教の祈りのさいに、「イエス・キリストの御名において」と言うときの、「名」にある。「ふたりでも三人でも、わたしの名において集まる所には、わたしもその中にいるからです」（マタイ一八章二〇節）、と福音書にある。つまり祈りにおいて、イエスの名を称することが、イエスが自らを名乗り出てくることとなる。おそらく、言葉の原初はここにある。名において、名指されたものが自己自身を与えるところに、それ自身の存在が創造されるところに、言葉の成就がある。たとえば旧約聖書「創世記」では、「神は、「光あれ」と言われた。すると光があった」と記述されている。光が「名」指されると、光が「在」ったのである。神の言葉が、創造を行うのである。

存在は言葉で名を呼ぶことから始まるのだが、その声が聞かれるのは聴力による。しかし、音は空気の振動が鼓膜という身体に触れることで届く。その点に注目すれば、「聞く」ということは、聴覚であるより、むしろ触覚という身体の働きに含まれると考えられる。したがって名を呼ばれ名乗り出ることは、じつは身体と深くかかわることになる。

この「アウグスティヌス公案」突破をみるためのもう一つの工夫の為所（しどころ）は、アウグスティヌスの語る「永遠の今」としての「現在」にある。現在のあるところ、そこが「自己」だからである。「自家に看る」とは、「永遠の今」を「本来の自己」と見ることと関わる。

『告白』において次のように述べられる。「まさに時間そのものを、あなたはお造りになったのですから、時間をお造りになる前に、時間が過ぎ去るなどということはありようはずがありません。

［……］あなたは時間に先だちますが、時間において時間に先だつのではありません。［……］あなたがすべての過ぎ去った時間に先だつのは、常に現在である永遠の高さによるのです。それによってあなたはすべての来たるべき時間を追いこしておられます。」（一一－一三）すなわち、時間の始めは時間の中に無い。「現在の永遠の高さ」、言いかえれば自己の根柢は、時間の中に無いのと同時に、時間の中に無ければ自己は具体的な個別的自己とはならない。現在という時間の問題は、物質的身体は自己ではないが「身体」の有るところには「自己」がある、という問題と重なる。

「身体」を、「名」ということと、「自己」の問題と、を重層的に考えることを焦点にして、以下さらに考察を進めたい。

四　西田哲学における「身体」①

四－一　肉体と精神の接触面

『善の研究』において数か所で、身体への言及がある。しかし、「我々は常に過去の運動表象の喚起に由りて自由に身体を動かし得ると信じて居る。しかし我々の身体も物体である、この点より見ては他の物体と変りはない。」（改版『善の研究』四六頁、一九一一年）、と言われるように、身体に特別な意味は認められていない。

『自覚に於ける直観と反省』では、ベルグソンを手がかりとしながら、身体について言及される。

「経験内容とその変化とが直接の所与であって、物質自体とか有機体自体とか又は精神自体とかいう如きは此等の内容を統一する種々の中心に過ぎない。ベルグソンの考え方に依って云えば、縦線的進行たる純粋持続を同時存在の平面に直して考えたものが物質界であって、此等の両方面の接触する所が我々の身体である。〔……〕身体は単に運動の器官であって脳は運動の中枢たるに過ぎない、我々の身体とは持続の横断面たる物質界の上に投げられた記憶の影である。〔……〕以上の如くベルグソンが精神と身体との関係に就て云ったことは、〔……〕自覚的体系に依って、一層深く且つ一般的に考えることができると思う。ベルグソンが内面的持続とか純粋持続というのは、意味即実在、行為即事実なる自発自展の自覚的体系である。」(『自覚に於ける直観と反省』Ⅱ-二一八～九、一九一六年一一月)すなわちベルグソンの身体理解は、西田の自覚的体系において受け取り直される。たとえば身体の働きである器官の一つである眼は、「眼という如きものは、之と対応的に考えられた物質界に於ける射影に過ぎない、眼とは色の経験と物質界との接触点である、正しく云えば色なる自覚的体系の限定点と見ることができるのであろう。」(Ⅱ-二二四)、というように、精神が物質と接触する所に成立する身体は、自覚的体系の自己限定によって在る、と考えられた。

四-二　目的論的統一と意志

さらに有機体である身体自身の有り方へと考察は進み、次のように目的論的な観点から身体は理解される。「我々の身体が自然物と異なって特殊の意味を有する一つの統一即ち個体と考えられるのは目的概念の統一に依るのである。〔……〕我々の身体が精神と密接の関係を有するのは、此の如き目的論的統一 teleologische Einheit と考えられた身体でなければならぬ。我々が生命というのは此の如き統一を名づける〔……〕我々の身体と精神とを結合するものは意志的行為である、心身相関の秘鑰《ひりん》を探るには我々の意志の深い分析に依らねばならぬ。」（Ⅱ-二三五、一九一六年一二月）このように「目的論的統一」の働きの根柢には「意志」が見られる。「生命という客観的現象と精神という主観的現象を結合するものは何であるか。〔……〕この結合を我々の内に証するものは意志的行為である、尚一層深く考えれば自覚の意識というべきであろう。我々は此結合を投射して精神と身体との結合」（Ⅱ-二三七）を考えるのである。要するにこの時期西田は、「心身の結合を自覚的体系の統一に求め、且つ両者の関係を、手段と目的との関係として、目的論的に考えようとした。」（Ⅱ-二四二）のである。

付言しておくと、後期西田の展開を念頭に置けば、次のように、制作と創造にかかわって身体と意志が考えれれていることは注目される。「我々は純粋経験の世界から自己の意志に従うものを切り抜いて自己の身体というものを考える、斯《か》く見れば意志が自己の身体を作るのであるが、又一方から見れば自己という一つの中心ができるのは身体がある為であるとも考えられる。余が斯く手を出した時、内から見れば意志であるが、外から見れば身体の運動である、意志は精神界の身体であり、身体は物質界の意志である、我々の身体は心と物との合一として一つの芸術品である。〔……〕身体は意志の表現である、心身を結合するものは内面的創造作用である。」（Ⅱ-二三九）

四―三　「自覚」理解の深まりから「場所」へ

自覚的体系の中で身体も捉えられるのだが、「自覚の意識」とは、「自己の中に自己を写す」ことである。「無限の真意義は自己の中に自己を写すということ、即ち自覚的」（Ⅱ―二四三）ということであって、なぜ自覚が「無限」と言われるかは、「無限とは自己の中に自己を写すということである。是に於ては我は我を忘じ、主客合一、万物我と一体である、知識の形式と内容との合一も此処に求むる外はない。」（Ⅱ―二五二）からである。「純粋経験」の在りようは、「自覚」という仕方で捉えられるようになる。

したがって自己とか現在は、「自覚」ということから考え直される。「現実は単なる点ではなくして、重力の中心点の如きものである。〔……〕我と実在とは唯現在に於てのみ接触して居るのである、我は現在に於てのみ我を没してそれ自身に独立な実在に触れることができるのである。併（しか）し之を逆に云えば、実在が我に接触する所が現在である、我が我を没し実在其者となった所、即ち実在が絶対活動の状態にある所が現在である、現在は実在の重心点である。〔……〕自己が自己を知るということは自己が働くことであって、真の自覚は絶対活動であるとすれば、此の如き自覚の点が即ち現在である、現在が実在の核心と考えられるのは之が為である。」（Ⅱ―二四五）自覚は客観化できない働く「自己」を、その内側から知る働きであるゆえに、知情意の全体として働く自己の当体を手にする、「自覚という中には単に自己を対象として意識するというばかりではなく、情意の意識が含まれて居る」（Ⅱ―二六〇）のである。

自己の当体から言えば、知るという働きをなす「思惟の根柢に意志があると云うことができる。経験体系を組織する真の一般者は一般概念ではなくして一つの動機である、思惟ではなくして意志である、真に己自身に依って立つ自動的経験体系は意志の形であると云わねばならぬ。」（Ⅱ-二六四）、ここで意志が体系形成の根本である言われたことは、「愛即知」を意志の形から捉えたということである。しかも「「我が意志する」という時、我は時間的関係を超越するのである。」（Ⅱ-二六六）つまり思惟は意志に追いつかない。逆に意志から思惟へ向かうということは、自他関係を開くという意味を有す。「物が働くということは他との関係に入ることでなければならぬ、思惟作用というのは思惟対象が種々なる体系の相互関係に入る点と考えねばならぬ。」（Ⅱ-二七三）

いずれにしても「意志は何時でも同一の中心から働く、意志の中心即ち真の自己は何時でも現在である」（Ⅱ-二七〇）り、意志を実在の根柢に見れば、「我の底には如何なる錘を以てしても達することはできぬ」（Ⅱ-二六八）ということになる。というのも、「自然的因果に依って意識が生ずるのではない、意識に依って自然が与えられるのである。意識の範囲を知る意識は意識の範囲の中にはない［……］現実は達することのできない海の底である、ベーメの所謂無底 Ungrund である、その底に達し得るものならば現実ではない、実在の実在たる所以はこの達し得べからざる内容の無限にある［……］／此の如き思惟の達することのできない深さ、思惟体系の統一の極限、即ち積極的には自動不息なる此現在、それが意志である」（Ⅱ-二七四〜五）からである。

「自覚的体系に於て当為即存在として無限の発展を考える時、即ち一つの人格的歴史を考える時、それは既に対象界に属して居る、我々はその背後に此歴史的発展を超越して而かもその基礎となる絶対的意志を考えねばならぬ。前者は哲学の領域であるが、後者は宗教の領域である」（Ⅱ-二七六）、と言われるように、哲学は手の届かない宗教の領域を残すことになる。しかしこの息づまったところから「場所」の哲学が、哲学の息吹を吹き入れていくのである。その場面では、身体問題はいったん後景に消える。しかし背景に留まりつづけるのである。ともあれ西田哲学のステージは、論文「場所」へと転換する。

四-四　知の様相となった意志

『自覚に於ける直観と反省』から進んで、『働くものから見るものへ』において「西田哲学」の足場ができる。その著作の冒頭論文は、「直接に与えられるもの」である。直接に与えられるものとして、西田はまず「知覚」ということから議論を始めている。知覚は身体の働きであるから、着眼点としては身体から離れていたわけではない。また「直接に与えられたる経験の中に含まれたる関係によって我々の経験界が定められる」（上田閑照編『西田幾多郎哲学論集Ⅰ』、岩波文庫、四一頁）と西田は述べているが、この論文で西田が「直接に与えられたる経験の中に含まれたる関係」と言っているのは、W.ジェームズが述べる「純粋経験」のことである。経験は身体ということと関係するが、経験ということから、論文「場所」へと展開されていくのである。W.ジェームズが立つ経験論の根本的立場は、「関係も経験される」ということを手放さないところにある。「哲学にとってもっとも大きな困難を突き付ける連接的関係（conjunctive relation）は、共–意識的推移（co-conscious transition）とでも呼ぶべきものの［……］個人的歴史は時間における変化の過程であり、この変化そのものが直接に経験されるもののひとつである。この場合の「変化」とは、非連続的な推移と対比される連続的な推移（continuous transition）を意味している。しかし、連続的推移は連接的関係の一種であり、根本的経験論者であるということは、何よりもこの連接的経験をしっかりつかんで手放さないということである。」（ジェームズ『純粋経験の哲学』、伊藤邦武編訳、岩波文庫、五四頁）

論文「場所」へと至る足場は、以上指摘したように、「自己に対して与えられるものは自己の内から与えられる」（「永遠の今の自己限定」、Ⅵ–一二六）ゆえに、直接に与えられるものである「純粋経験」であった。そして先に述べたようにそれは、「直接経験の自覚」ということを深め直すということの途上で開けた立場であった。そこで、次の文章にみられる、論文「場所」の考えを導いた発端の発想を見直しておきたい。「真に無限なるものは己自身の中に変化の動機を蔵しているものである。即ち己自身にて分化発展するものである。［……］デデキントによれば、或体系が自分の中に自分を写し得る時に無限である（Ein System heisst unenndlich, wenn es einem echten Teile seiner selbst ähnlich ist）、即ちロイスのいわゆる自己代表的体系 selfrepresentative system が無限である。［……］我々は我々の反省的意識において、自己を思惟の対象とすることをまた自己の思惟の対象とすることが出来る。斯くして恰《あたか》も両明鏡の間に映ずる影の如く、またロイスが挙げている英国において英国の完全なる地図をひく例の如く無限に進んで行くのである。」（「論理の理解と数理の理解」大正元年九月、『思索と体験』、岩波文庫、六八〜九頁）英国にいて英国の地図を描くという例にみられるように、「場所」を自己もその中にいる世界とするということは、自己の中に世界を包む、というところに真相がある。自己の中に包む、ということでなければ、自覚にならない。ただし自己の内に包むことは、自己の底が割れて脱底することによってかえって「包む」ことが果たされるのである。

しかしこの自覚はなお「意志の形」と見られ、「超認識的なる意志の立場」を最後の根拠にせざるを得ず、「降を神秘の軍門に請う」というところから、「意志主観及びその対象界をも包むと考えられるものは、［……］主観其者即ち自覚という如きものではなかろうか」（「左右田博士に答う」、『西田幾多郎哲学論集 I』、岩波文庫、一六一頁）と、「自覚」の意味が意志を突破する。あるいは意志の意味が深まる。

自覚は意識論、あるいは認識論という観点からまずは展開されるので、「場所」のモデルは知るという働きをなす「意識」の問題として論じられる。「我と非我との対立を内に包み、いわゆる意識現象を内に成立せしめるものがなければならぬ。」（同書、六八頁）これを「場所と名づけておく」と言って、論文「場所」は始まる。

意識現象を内に成立させる「かかる意識の野はいわゆる超越的対象を内に映している［……］否定の否定として真の無［……］真に自己を空うする」（同書、八一頁）ことによって、「内に包む」のである。「かかる場所は直覚の内に包み込まれるのではなく、かえって直覚其者をもつつむものである［……］意志や行為もこれに於てある［……］情意の内容を映す［……］最も深い意識の意義は真の無の場所ということ」（同書、八三以降）ということになる。情意が映るところには、「自己を空うする」と言われるように、「空」の働きがある。

「知るということは映すことである。更にこの立場を越えて真の無の場所においては、我々は意志其者をも見るのである。意志は単なる作用ではなく、その背後に見るものがなければならぬ。［……］意志の背後における暗黒は単なる暗黒ではなくして、ディオニシュースのいわゆるdazzling obscurity［光り輝く暗黒］でなければならぬ。かかる立場における内容が対立的無の立場に映されたる時、作用としての自由意志を見るのである。意志も意識の様相と考えられるのは此の如き考に基かねばならぬ。作用としての自由の前に状態としての自由があるのである。」（同書、八八頁以降）、意志の背後に「見るもの」が見出され、そこで意志も知の様相として捉えられるようになるのである。

「意識の底には、これを繋ぐ他の物があってはならぬ［……］意識の根底には唯、永遠の無あるのみである［……］〈筆者註：意識の本質をこのように考えれば〉意志ということが、なお一層深き意味において知ることでなければならぬ。知識においては、無にして有を映すと考えられるが、意志においては、無より有を生ずるのである。意志の背後にあるものは創造的無である、生む無は映す無よりも更に深き無でなければならぬ［……］〈筆者註：アウグスティヌスは時の中で世界を創造したのではなく、時も神の創造したものである、と述べるが、そのような創造以前の無は〉時もこれに於てあり、質料もこれに於てあるものである［……］即ち映すことが作ることである［……］自ら空うして自己の中に質料を包み、自己の中に自己を形成し行くことが知るということであるとするならば、知るということもその背後に既に無より有を生ずる意志の意義がなければならぬ」（同書、九八頁以降）、つまり西田はアウグスティヌスを思い出しながら、知の様相である意志は質料をも創造するということによって、真の無からの創造の初めにある意識に至っている。質料をも作ったということは、虚無も作られたものと一抱えにして被造されたということである。無にして映す意志の背後の「見るもの」は、また知の背後の意志が「見るもの」となったということでもあり、意志の真相が「知」の有り方として一層深く意志が捉えられた、ということでもある。真の無の場所において、「意志即知、知即意志」ということがいえるようになる。

「私の意識現象は私の意識の範囲内にあるものでなければならぬ。かかる意味においての私は、私の意識現象を内に包むものでなければならぬ。」（同書、六九頁）といわれる「私」は、意識を統一する「自我（das Ich、the I）」のことである。この自我の働きは、意識を場所の働きのもとに見るようになった西田において、カントが『純粋理性批判』の中で、「あらゆる表象に伴うことのできる」（純粋悟性概念の超越論的演繹（第二版）第一六項 統覚の根源的・綜合的統一について）とされた「我考う（Ich denke）」を、「私に意識せられる」と受け取ることへと導く。「すべての経験的知識には「私に意識せられる」ということが伴わなければならぬ、自覚が経験的判断の述語面となるのである［……］我とは主語的統一ではなくして、述語的統一でなければならぬ、一つの点ではなくして一つの円でなければならぬ、物ではなく場所ででなければならぬ。［……］対立なき対象をも含んでなお余ある述語面が我々の意識界と考えられる［……］私に意識せられるということはかかる述語面に於てあるということを意味する」（同書、一四一頁）のである。

五　西田哲学における「身体」②

以上のような「場所」の思想が、『一般者の自覚的体系』として展開され、田辺批判を受けたこととも関係しながら『無の自覚的限定』としてその思想は整備され、「行為の世界」へといっそう具体化され、「弁証法的世界」として包括的な世界思想を手にしたことによって、哲学体系の企図（『哲学論文集第一』）という哲学としての最終段階へと西田は進んで行く。その展開の中で、身体の本質を主題にした言及はないが、「表現」という考え方の理解の徹底と伴って、身体問題の取扱いに変化が見られるようになる。ついで『哲学論文集Ⅱ』所収の「論理と生命」において、西田の身体論がはっきりと姿を現す。しかももはや「哲学体系」構築という「企図」は影をひそめ、次々と問題場面を展開、ないし転回していくというスタイルでの思索が続く。次に「歴史的身体」へいたるまでの展開を、まず簡単に追っておきたい。

五―一　真の人格的関係の成立

講演「実在の根底としての人格概念」（昭和七年）においては、ヴントの心理学での「内部知覚を身体全体の機関の運行に伴う感じ」と捉える考え方を批判して、「哲学上の問題」としては、次のように述べられる。「生活に伴う感じや意志決定に伴う感情」は「知られた自己」であって、しかし「知られたものは自己ではない、自己は知るものでなければならぬ。」（上田閑照編『西田幾多郎哲学講演集』、燈影舎、平成六年、一三七頁）この「知る自己」は、「行為」によって捉えられる。「知ることの出来ないものを知るということが行為ということである。」（同書、一三九頁）

たとえば水を飲む行為は、心の内の意志を外に現わすことであると同時に、体内に水が入って外の水が自己のものとなることである。つまり内が外に、同時に外が内になることが「行為する」ことである。内が外に、というところには自己の自由があるが、外が内に、というところには、自己が自己の内や外にある自然によって規定されるように、自己の底にある「どこまでもわからぬもの」、非合理的なものが潜み、「わからない所から自分がきまってくる」（同書、一四二頁）のである。その「わからない所」は、行為によって如実になる。「私の体というものは、自由になるべきであると共に自由にならぬ」ものである。身体も行為を説明する一例として、このように取り上げられる。

自己の中に他を見るという唯心論でもなく、他の中に自己を見るという唯物論でもなく、この相反する両方が結び付いているところに「真の自己」が見られる。この両者が結び付くということが、行為の内実なのである。しかし「自己に於て他を見る、恰度（ちょうど）逆の絶対の他に於て自己を見る」というように、「他」において見られる自己という場合、その「他」には「絶対」という語が付いていて、「他」には特別な意味が見て取られている。

たんなる「他」ではなく「絶対の他」は、対峙し合う自他対立を超えて高次化される。なぜなら

「絶対の他」は、自他が於いてある「場所」のことだからである。その「絶対」の中には、「空間的のもののみでなく、過去無限の歴史的の限定」が含まれる。そのことで「行為」の意味は、さらに高みを開く。行為の底に「人格」の意味が、立ち現われてくるのである。

「外が内であり、内が外である。自分が他であり、他が自分であるという矛盾の統一が真の自己である」が、「もう一歩考えをすすめねばならぬ。行為的自己のみで自己が尽せるかというと、それは更に人格というものが加わらねばならぬ。単に行為だけの考えではいまだ自己の全体とはいえない。」（同書、一四八頁）すなわち行為を通して人格的関係が実現されるというところまで進まねばならない。人格的関係とは、汝を人格として認めることで私も人格的存在となる、というような関係である。それは、「絶対の他の中に自己を見る」（同書一五二頁）と同時に、自己の中に他を見る、ということである。自己の中に他を見るということが、「自己否定」の具体相である。自己否定を通して、自己は人格的存在となることを果たすのである。

論文「永遠の今の自己限定」では、「無が無自身を限定する絶対無のノエシス的限定」が「絶対の愛」として見届けられ、「愛の自己限定においては自己に対するものはまた自己として限定せられ」（VI-二〇六）、「人と人との直接的結合」が果たされる。そのように、行為が人格的であるところに「知と愛」の形が具体化・徹底化して行く。しかも「愛の自己限定において我々は永遠に現在なるものの内容に触れる」ゆえに、宗教へと道は開く。

すなわち、行為が生起する根柢に、自己否定がある。自己否定によって行為が人格的になるところに、「愛」が成就する。「他人に於て自己を見るのが愛であって、この時こそ真の自己を見る」（同書一五三頁）のである。このような愛によって、社会が成立する。「人格は互いに絶対に独立であるが、それ故にかえって結び付く」（同書、一五五頁）、すなわち「各人が各人の時をもつ」にもかかわらずかえってそれゆえ結び付くということが、根本的な時間の成立構造である。人格的関係は、時の形において成立している。空間的な水平軸で見られた自他関係が社会であり、時間的な垂直軸で見られた自他関係が歴史である。このような社会的即歴史的である行為は、人格関係として活現される。「人格」という有り方において、社会も歴史も考えられるようになるのである。あるいは社会的歴史的ということにおいて、結び付かないものが結び付くという事実に至るのである。

五―二　表現的関係

絶対に独立しているそれぞれの自他が、他の中に自己を、自己の中に他を見る、という行為的関係は、「表現的」という言葉でも語られる。「AとBとが絶対に離れたものでありながら、しかも時の関係に於て結びつくということが表現である。」（同書、一五七頁）と言われる。昭和九年の講演「行為の世界」では、表現の意味がさらに確かに把握される。「ものが私に対して客観的なものでありながら然（しか）も精神的な意味をもったものであるとき、これが表現である。」（同書、二二〇頁）さらに昭和一〇年の講演「現実の世界の論理的構造」においては、「自分が物になる」あるいは「物が私になる」（同書、二六七頁）という言い方で「表現」が捉えられる。そのような表現のもっとも手元にある存在が、身体である。肉体という物に自己が映り、自己の表現になるところに、身体の独自な有り方がある。

「純粋経験ということは、心理学の内的経験という意味であって今の私の考えからすれば不充分」であるが、その考えを推し進めたものが今述べた非連続の連続、絶対の他の結合の考えになった」（講演「実在の根底としての人格概念」、同書、一五八頁）わけだが、そういう「考え」の核心は、「『善の研究』でいった直接経験、純粋経験の世界は皆表現的でなくてはならぬ。」（講演「行為の世界」、同書、二一一頁）と言われるように、「表現」理解にある。「表現の世界は最も具体的な世界、直接な世界である。これは社会的・歴史的の世界である。」（同書、二一六頁）のである。論理の問題を追及して行くなかで、「表現の世界」に出たのは、経験という具体的なものから一分も身を離さず考えてきたからであった。「純粋経験は主観でも客観でもない、主観客観の区別の無い立場からこの世界を考えることであった。純粋経験は学問上の考えとしては不完全であったように思う。今日では純粋経験の立場を論理的に考えようとしているのである。ちょっと見たところでは『善の研究』の考えと今の考えとは違うようだが、私の企てていることは同一の精神、同一の行き方であると考えてよい。そういうわけであるから決して現実の経験を無視して抽象的な論理の概念からものを考えようとするのでなく、現実からものを考えようと思うているのである。」（講演「現実の世界の論理的構造」、同書、二二一〜二二頁）そして論理という焦点から再び現実の経験に即して、論理の問題として考えてきたことを論じ直してみることになったのである。「何分論理の完成ばかりをまっていては限りがないのであって、一昨年位から、論理を決して離れるのではないが、我々に直接な、『善の研究』で考察したような日常の体験に帰り、そこから出立してこの問題〈筆者註：時間と空間、一般的限定と個物的限定〉を考えて見ようとするようになった。」（講演「歴史的身体」、昭和一二年、同書、五頁）そこで、「身体」の有り方が、前面に躍り出てくる。

働くものから見るものへと転回した立場は、再び見るものから制作する働くものへと、身体を軸にして再転回する。そのことで、「自己から見る立場」が、「世界から見る」立場にも徹底してゆく。「創造的世界の創造的要素」として個物を見る見方を具体的に与えたのは、「身体」への注目であったろう。

論文「論理と生命」、また講演「歴史的身体」等は、大きな注目をすでに引いてきた。そこで、論じられるべき身体論に関して、「手」という事柄に絞って取り上げておきたい。

五‐三　手に集約的に表現される身体

「機能（function）」は「関数」の意味でも使われるように機能の内実は、「全体との関係に於てそのものがどういうふうな位置を占めるか」ということから決まってくる。「我々の体そのものは、いわゆる世界、歴史的な世界に於てどういうはたらきをするか、その全体との関係に於て持つ体のはたらきが即ち体のもっている機能ということになる」（講演「歴史的身体」、昭和一二年、二二頁）のだが、体における「手」の機能とは、「手から制作にゆく」というところにある。

「働くとは［……］物を作ること［……］我々の働きはすべて制作的でなければならない。」（同書、八頁）のである。「働く」という語は、西田のフィヒテ研究の当初からドイツ語の「Handlung」の訳語でもあった。「Handlung」は「Hand」という語が入っているように、もともと「手」の働きから始まった人間の行為を指していたのである。精神の意識作用である「働き」は、後期西田において、「制作」へと具象化した、と言ってもよいであろう。「知力というものは手から発達したと思われる。言葉が発達するとそれで知識の世界が表現されるが、しかし初めは手というものの働きであったと言える。」（同書、一二一頁）、と西田は述べているが、手で分けたり、摑んで一つにしたりという働きから「考える」という作用も成立してきたのであろう。「言葉」もここに起因する。

「制作は動作の結果となって客観的に現れ」（同書、八頁）る、つまり制作において外に自己が客観的な事物として表現されるのである。客観化されえない自己は、制作という働きにおいて見られるようになるが、同時にその自己は制作された外なる自己であるかぎり自己を離れた「他己（Alter ego）」である。昨日の自己と今日の自己との関係にある。「作られたものが作るものを作る」という仕方で、両者は自己同一を保ちえる。「ものを作るとは、自分が作られることである。そうでなければはたらくということではない」（同書、一〇頁）いのである。「制作とは主観が客観になって物を作り、作られたものが作るものを作るということ」（同書、一二一ページ）であり、ここに「自己」が体現して出てくると同時に、自己は客観的な世界の一事物となって、「歴史的世界の一要素」となる。「作る」という「働き」において、自己も世界も現在的に現出する。

「作る」ということは、さきに指摘したように「考える」働きの原型であり、また作ることによって現出する世界は自己と客観との、勝義においては「我と汝」の世界であるから、「社会的世界」のことである。作られて作ることによって現出する世界が社会であるということによって、人と人とを結びつけるものが言葉の働きなのだから、言葉も作るものである身体の働きであるという西田の主張も理解できるようになる。また「見る」も身体である手の働きと結びつくことで成立していて、見るという主観の働きも、主観を客観にするという身体的な「作る」ということにおいて捉えれば、客観的に「見る」という働きの徹底化となる。

「自己」も「世界」も、「言葉」も「見る」も、「作る」という働きを集約させた、身体である「手」から見通せることになる。『無門関』の「黄龍（をうりやう）の三關」では、「我が手（しゆ）、仏手（ぶつしゆ）と何似（いづれ）ぞ。枕頭背後を摸（さぐ）り得たり。覚えず、大笑呵呵（かか）。元來通身是（こ）れ手（しゆ）。（我が手は仏の手と比べてどうか。枕のうしろ辺りを手探りして、思わず笑ってしまったよ。もともと身体全体が手だったのだ。）」（西村恵信訳、岩波文庫、一九九四年、一九〇頁）というように示されるが、西田が見出した手の働きは「通身是手」とも言えよう。仏手たる手は、表を見せ、裏を見せ、摑み触れ包み、指で示す等、自由自在な働きをなす。その自由さを、西田は、物において自己を、自己において物を見る、「手」の働きに凝縮した、「人」として働く「身体」において捉え直した、とも考えられる。ただし西田においては、物は「名」を有つ。「〈筆者註：歴史的生命の世界から生命を考える。物質が精神を、精神が物質を否定するが、弁証法的一般者の自己限定として、「我々が道具を有つ」という意味が考えられる〉かかる世界の自己限定は既に表現的でなければならない、物は単に道具的であるのみならず、自己自身を表現するものでなければならない。同時にそれは名を有つものでなければならない、命名作用の対象となるものでなければならない。」（『西田幾多郎哲学論集Ⅰ』、岩波文庫、二一二頁）、それゆえ「言語というのは単なる符号ではあるが、それは広義における道具の性質を有ったものでなければならない。人間は道具を作る動物たるとともに、言語を有つ動物である。〔……〕表現的音声が言語として成立するには、対象的なるものの符号という性質を有たなければならない。歴史的実在の世界は、道具を以て物を作ると同時に、話す世界でなければならない、言語というものが成立するには、無論、既に人間の共同生活というものがなければならない、社会というものがなければならない。〔……〕道具を以て物を作るのみならず、話すものでなければならない。〔……〕人間的身体はロゴス的世界から形成せられるものでなければならない。」（同書、二一三頁）「作る」と「話す」とは、ロゴスに貫かれ、ロゴスを貫く行為として、「身体」において「身体的行為」として一つに働く。物は自己表現的に名を称する、その名はまた世界から命名された名である。身体は「表現的な名を有った身体」として、ロゴス的に形成される。「通身是手」である手は、名を書くものである。

臨済の「人」にたいして、西田は身体として働く「人」に表現的に映される「名」が刻み込まれていることを見いだした、と考えてよいであろう。

六　論理を内包する「悲哀」

六―一　「悲哀」を哲学の動機と語った背景

西田が、次の文章にあるように、哲学の動機を「悲哀」と言ったことはよく知られている。「ノエシス的神というのは（神なき所に神を見るという如く）神そのものもなくなって、私の所謂（いわゆる）絶対無の自覚の如きものでなければならぬ［……］それは我々の自覚的自己の根柢たるのみならず、神そのものの根柢となる［……］哲学は我々の自己の自己矛盾の事実より始まるのである。哲学の動機は「驚き」ではなくして深い人生の悲哀でなければならぬ。」（「場所の自己限定としての意識作用」、『無の自覚的限定』Ⅵ‐一一六）

田辺元は、昭和五年（一九三〇年）一月に西田の『一般者の自覚的体系』が出版された同年五月に、論文「西田先生の教えを仰ぐ」を発表した。その出来事は西田の周りの人々にとって、「非常な驚き」でもあり「意外」でもあった。この批判を考慮した論文が、次に引用する『無の自覚的限定』の「序」にあるように、「場所の自己限定としての意識作用」（昭和五年九月発表）と「私の絶対無の自覚的限定というもの」（昭和六年二月三月発表）であった。「「場所の自己限定としての意識作用」及び次の論文も〈筆者註：「私の絶対無の自覚的限定というもの」〉主として哲学研究百七十号に載せられた田辺君の批評を考慮して、私の場所とか無の限定とかいうものが知識構成に如何なる役目を演ずるかを

明にしようと思ったのである。」（Ⅵ－六）

哲学の動機を「悲哀」と語ったのは、論文「場所の自己限定としての意識作用」の最後の文章である。また論文「私の絶対無の自覚的限定というもの」の最後の段落で、「哲学は思弁的と云われるが、哲学は単なる理論的要求から起るのではなく、行為的自己が自己自身を見る所から始まる〔……〕内的生命の自覚なくして哲学というべきものはない、そこに哲学の独自の立場と知識内容とがあるのである。かゝる意味に於て私は人生問題というものが哲学の問題の一つではなく、寧ろ哲学そのものの問題であるとすら思うのである。行為的自己の悩（なやみ）、そこに哲学の真の動機がある」（Ⅵ－一七八）と述べられる。

この二つの叙述を重ねて見れば、哲学の動機は、「悲哀」であり、悲哀は「行為的自己の悩み」から生じる、と理解してよい。田辺の西田批判を考慮しているうちに、最後に胸を突いて出たものが、「悲哀」という言葉であった、と思う。それは以下のように考えられるからである。

田辺が西田を批判した根本点を高坂正顕は、「西田哲学の根本的立場に対する批判」、「西田哲学の具体的内容に対する批判」、「西田哲学によるフッサールおよびハイデッガーの批判を再批判」する、というところにみている。（『田辺元全集第四巻』、筑摩書房、昭和三八年、四三四～四頁）「西田哲学の根本的立場に対する批判」とは、田辺の次のような指摘に読み取れる。「先生の自覚的体系においては、最後の一般者が単に求められたものとしてでなく与えられたものとして存するのである。私はこの点において根本の疑問を懐かざるを得ない。」（同書、六九頁）また「無にして見るという東洋流の宗教的自覚［……］かかる絶対無の自覚は現実の如何なる点においても現前し得る宗教的体験としてのみ認められるのであって、現実の種々なる立場を全体として組織する哲学体系の原理たるべきではない。」（同書、七五頁）つまり西田哲学は「宗教の哲学化」となることに、絶対に譲れない批判点があった。

「本来哲学はすべての立場に対して自由なる無立場」に立つものであって、宗教的立場に身をおいた哲学は、「すべての非合理的なるものは合理的なるものの仮現と解せられ、これを合理化するものとしての行為は見ることとの廻り途として影の世界に貶（おと）せられるであろう。［……］歴史に対する見解と反価値の解釈とに、特に疑問を懐かざるを得ないのである。」（同書、七九頁）したがって「自覚を光の原理とするならば、これに背く闇の原理ともいうべきものが無ければ、歴史の非合理性は理解せられないであろう。」（同書、八〇頁）ということになる。西田哲学の内容に対して投げかけられたこの問いは、哲学としてもその内容について西田哲学は不徹底を残す、という指摘でもある。いかに「悪の問題」が起こるのかに応える方法をもたないことになるのではないかと、田辺は問うのである。その問いは、社会的実践の意味を、西田哲学は提出できているのか、という問いと言いかえてもよい。その問いに応えられないのであれば、哲学としても不完全になる。

田辺による批判に対して、「田辺批判にこたえる」というような直接応答の文章を西田は書いていないが、さきの田辺による批判に応対する二論文は、発表時期を見ても、すぐに執筆にとりかかったと推測される。たとえば次のような文章は、田辺に向けて語られているであろう。「意識というものは、如何なる意味に於ても単なる過程としてのみ考えることはできない、何処までも作用を包むという意味がなければならない。私は此時、既にかゝる限定を意味するものとして直観とか愛とかいうものを考えて居る。〔……〕更に私の無の限定と考えるものが客観的知識構成に如何なる意義を有するかを論じた。客観的知識と考えられるものは、何等かの意味に於てその根柢に事実が事実自身を限定するということがなければならぬ、即ち絶対無の自覚のノエマ的限定の意味がなければならぬ。私は此論文に於て始めてかゝる限定の形式として永遠の今というものを考えた。私の絶対無の自覚と考えるものは、ノエシス的限定に於て宗教的体験の意義を有するかも知らぬが、そのノエマ的限定に於て客観界を基礎附ける意義がなければならない。すべて有るものは時に於てあり、実在は時間的でなければならぬ。而して真の時というものは唯、永遠の今の自己限定として考えられるのである。〔……〕私の一般者の自己限定というものには、その根柢に於て社会的・歴史的限定の意味がなければならない。」（Ⅵ-六〜七頁）

哲学の領野を開く意識は、「見るものなくして見る」働きであることによって「作用を包む」ものであり、ここで「包む」とは「愛」の作用である。「愛」という言葉を使ったことで「宗教」の立場に移行したと受けとられかねないが、どこまでも「見る」という哲学の立場において宗教へ通じる途を探求していることから「愛」と言われたのである。「愛」は、西田において、「知と愛」という哲学の問題領域に貫かれている。また「愛」と言うことで、「見る」働きは「社会的・歴史的限定」の意味を示しうるようになる。さらに哲学において通じる宗教的次元は、「永遠の今」として露現するのである。

したがって西田においては、「宗教の哲学化」ではなく、どこまでも人間から離れることなく哲学において哲学から人生を考えようとされている。「人生の問題」と言っていることを、よく見なければならない。だから田辺に対して、「哲学とは何か」と問い返した言葉が、「哲学の動機は「驚き」ではなくして深い人生の悲哀でなければならぬ」であった。そのように考えられるのは、「内的生命の自覚なくして哲学というべきものはない、そこに哲学の独自の立場と知識内容とがあるのである。かゝる意味に於て私は人生問題というものが哲学の問題の一つではなく、寧ろ哲学そのものの問題であるとすら思う」と強く言われているからである。ただし「人生」とは「生きる」ということであって、「生きる」とは「働くこと」、「働くこと」とは「人と人との間で作り作られること」、「人と人の間に生きること」は「死に行き、死に行かれる」ことである、そこに「人生の悲哀」が、人生の、言いかえれば哲学の動機があることになるのである。

六‐二　「悲哀」のロゴス的側面

さらに注目すべきは、「悲哀」は「自己の自己矛盾の事実」の事柄とも述べられていることである。すなわち「悲哀」というパトス的事態は、同時にロゴス的側面を有つのである。西田最後の完成論文「場所的論理と宗教的世界観」という題名から読み取れるように、絶対者を捉える論理が「場所的論理」である。論理の究極の課題は、論理に乗らない絶対者の論理的把握である。「論理に乗らない」

のは、論理において「自己矛盾」するからである。「悲哀」は、その自己の自己矛盾の表現である。すなわち「悲哀」が、矛盾を現前化し、そのことで矛盾を包む「論理」を内包しているのである。パトスとロゴス、情意と論理とが、結び付いたところに、西田の「悲哀」は立つ。「愛即知、知即愛」の具体的鏡面が、「悲哀」であったと言えるであろう。

若き西田に影響を与えたであろうと考えられる綱島梁川は、「悲哀」について次のように語っている。「悲哀を超越する解脱の鍵は世の永劫の初めより竊（ひそ）かに悲哀そのものの中に置かれたるにあらずや。／悲哀は其れ自らが一半の救なり、全く神を見ざるものに悲哀あるべからず［……］我らが有する一種の悲哀は、ほのかに打見し神の面影を、白日明々の裡に見んとする已（や）みがたき要求の声にあらずや。神はまず悲哀の姿して我らに来たる［……］我らは悲哀を有することに於いて、悲哀そのものを通じて、悲哀以上の或るものを獲来たる也。」（『病間録』、「心響録」中の「悲哀の秘儀」、明治三八年、金尾文淵堂、二五三頁）悲哀の中に、悲哀を救うものがある。そこに「悲哀」の論理がある。

さきに経験知は身体知であり、身体知は「悲哀」を知る、と述べた。悲哀を知る身体、すなわち悲哀の身体が、哲学することの、また哲学するものの主体である、と言ってよいのではないだろうか。哲学するという事柄の根柢にある、パトスとロゴスにわたる「悲哀」についての、「哲学の動機である深い人生の悲哀」という言葉は、田辺に向けると同時に自己の心底に向けた言葉であったのではないか。

七　「悲哀」と「神の痛み」

七－一　夢見る如く立ち上る現実

次の引用は、昭和一一年、『善の研究』の、「版を新にするに当って」からのものである。「フェヒネルは或る朝ライプチヒのローゼンタールの腰掛に休（やす）らいながら、日麗（うららか）に花薫り鳥歌い蝶舞う春の牧場を眺め、色もなく音もなき自然科学的な夜の見方に反して、ありの儘が真である昼の見方に耽（ふけ）ったと自ら云って居る。私は何の影響によったかは知らないが、早くから実在は現実そのままのものでなければならない、いわゆる物質の世界という如きものはこれから考えられたものに過ぎないという考を有つていた。まだ高等学校の学生であつた頃、金沢の街を歩きながら、夢みる如くかかる考に耽ったことが今も思い出される。その頃の考がこの書の基ともなったかと思う。私がこの書を物せし頃、この書が斯くまでに長く多くの人に読まれ、私が斯くまでに生き長らえて、この書の重版を見ようとは思いもよらないことであった。この書に対して、命なりけり小夜の中山の感なきを得ない。」（『改版善の研究』、一〇頁）

ところでこのフェヒネルの「昼の見方」は、「私の絶対無の自覚的限定というもの」の中でふれられている。「翻って考えれば、それによって知識が成立するという具体的一般者の自己限定と考えられるものは固（もと）、非合理的なるものの合理化ということを意味するものでなければならない。真に自己自身を限定する一般者というべきものは我々の自己そのものでなければならない、而してそれは直覚的なものでなければならない、私が場所そのものの直接なる自己限定を自覚と考える所以である。右の如く我々の自己が感官的なるものに即して考えられるとするならば、我我の真の自己というべきものは暗い世界に於てあるのではなく、明い世界に於てあるものでなければならない、フェヒネルの所謂昼の世界に於てあるものでなければならない。感官に直接する外の世界と考えられるものが内の世界であり、考えられた自己の世界という如きものは却って外の世界でなければならぬ。非合理的なるものの合理化が感官的と考えられ、かゝる感官的限定の極限に於て非合理的なるものが即合理的と考えられる所に、外が即内と考えられる所に、自己を見るのである」（Ⅵ-一二六〜七）

「我々の自己が感官的なるものに即して考えられる」とは、『善の研究』の「版を新にするに当って」を合わせて見れば、「日麗に花薫り鳥歌い蝶舞う春」という外の出来事が、われわれの感官に現じていて、「外の世界と考えられるものが内の世界」となっている、そこに現実そのままの実在があって、また自己が現じている、ということであろう。肝要な点は、たんに「日や花や鳥や蝶」が現実そのままであるのではなく、それらが現実そのままであるのは、眼に見えない「春」の表現だからである。「自己」は対象化されない、すなわち「眼に見えない」のだが、それゆえに同じように「目に見えない春」が花や鳥として「自己」自身として現前化しているのである。だから「夢みる如く」という仕方で、現実は立ち現われる。

先にも述べたように、この論文は田辺による批判を考慮したものであり、田辺に対して改めて「哲学とは何か」を問いかけ直すという意図があった。その思いには、『善の研究』以前から哲学へ誘われ、論文「論理と生命」を書き終わった時にもなお抱き続けている、高等学校の学生のころに耽った考えまでもが折りたたまれていたのである。

西行は二三歳のおりと六九歳のときの二度、都から関東を訪れている。二度目の旅は、東大寺再興の沙金（砂金）勧進のためのもので、奥州平泉へ赴き、鎌倉にて源頼朝と会っている。現在の静岡県にある「小夜の中山」は、その旅の難所の一つであった。「年たけて また越ゆべしと 思ひきや いのちなりけり 小夜の中山」とあわせて、「風になびく 富士のけぶりの 空に消えて 行方も知らぬ わが思ひかな」が詠われている。西田の胸中に、「風になびく」の歌が同時に無かったはずはない。一一八六年当時の、齢六九歳の旅である。「空に消えて行方も知れないわが思い」という夢の中のようなところに、「命なりけり」というハッキリとした現実の「いのち」が浮かぶ。その思いを西田は西行と共有している、その共有しているものは言いかえれば「悲哀」ということであるが、悲哀の底には「けぶり」のような「空性」が浸透している。このような悲哀の身体の底を、さらに考えておきたい。

七-二　ノエマの底

西田は、「場所の自己限定としての意識作用」の段階では、なお身体を「自然的」に見ている。すなわちまず、知的自覚と情的自覚が、次のように区別される。「弁証法的限定の尖端に即して之を裏付ける如く見られるものが知的自覚と考えられるものであり、場所自身の積極的自己限定として直覚的に見られるものが情的自覚と考えられるものである、そこに作用そのものも消される意味がある」（VI－一〇六）その知的自覚が、「身体的自己」とみなされる。「我々が普通に自己と考えるものは自己自身を限定する事実そのものに即して考えられた知的自覚という如きものである、所謂身体的自己である、無にして見る自己のノエマ的限定に即して見られた自己というべき」（同書、一六七頁）ものである、つまり身体は「ノエマ」的なものとして捉えられている。

しかし、「情的自覚の意味は即ち直観的自己の意味は何処までも深められ広げられて行く」のだが、情的自覚も、「尚見られた自己、見られた場所という如きものであって、真に無にして見る自己そのものではない」（VI－一〇七）のである。「無にして見る自己の自己限定をノエマ的とノエシス的との両方向に無限と考えるならば、そのノエマ的限定の極限に於てノエシス的限定がノエマ的限定を包むと考えられる所に、我々の真の自己というものが考えられ」（VI－一〇八）のである。「事実が事実自身を限定するノエマ的限定のノエシス的限定として真の自覚というものが見られ、か丶る自覚が場所自身の自己限定として、見られた場所、見られた自己の意味を有するかぎり、か丶る自覚を中心として意識作用というものが考えられるのである。之に反し、右の如き意味に於てもはや自己が見られなくなる時、行為というものが考えられるのである。行為に於て自己が見られなくなるという意味に於て、更に見るものなくして見るという方向に進めば、そこに歴史的行為というものが見られる。之に反し無にして見る自己のノエマ的限定の方向に於て、限定せられた場所の自己限定として自然界というものが考えられる」（VI－一〇九）

つまりノエシスとノエマの両方向に無限が考えられるのであるが、ノエマ的方向の極限において「ノエマ的限定をノエシス的限定が包んだ、ノエシス的自己限定」という推移が起こり、推移という高次転換した次元から見て、「見られた自己」というノエマ的方向において意識作用が、さらに限定された場所の自己限定として「自然」が成立している、と考えられるようになる。この方向において「身体」は位置づけられる。「所謂意識内容というのは身体という一つの物体を中軸として限定せられた表現の内容」(VI－一二五)とみなされるのである。翻って「もはや自己が見られない」というノエシス的方向において「行為」が、さらに行為的自覚として行為が、歴史的に理解されるようになる。

ところが「身体」について、ノエマ的方向の底において、なお深い意義を見て取ろうとされる。内を外にする、内が外を包む、言いかえれば非合理的なものを合理化する意志的行為においても、「非合理的なるものの合理化の意味に於て感覚的なるものを離れるのではない」(VI－一一八)、すなわち非合理的なものの合理化はどこまでも身体的限定なのである。「我々の身体と考えるものは感官的にして行為的意義を有すると共に、又表現的意義を有するのである。限定するものなくして自己自身を限定する非合理的なるものの合理化というのは広義に於て身体的限定ということができる、身体という意味に於て感覚的なるものが直に内と考えられるのである。［……］包むと云ったのも感覚的なるものが身体的意義を有つが故に外ならない。」(VI－一二九)「包む」ということは「包摂判断」に基いて言われたことであったが、それは一面的な説明であって、深層では外を内にする身体的働きに注目したものであったのだ。

ところが次のように、驚くべきことが語られる。「無にして自己自身を限定する」というところでは、「そこでは感覚的なものは身体的意義を失い意識というものも失われて唯死あるのみである。併し一方から見れば斯く考えられる所に無にして自己自身を見るという真の自覚の意味がある［……］感官的なるものが所謂身体的な意義を失うと考えられる所に、却って非合理的なるものの合理化として真に自己の身体性を得ると考えることもできる、感官の中に含まれていた真の行為的意義が現れるのである、我々はそこに純なる自己の身体を得ると考えることもできる［……］人格とは考えられたものでなく、眼が色を見、耳が音を聞くと云う如く、サンチマン（筆者註：感覚・感情）の対象として見られるものでなければならぬ。」（Ⅵ－一二九～一三〇）ノエマ的とされた身体の底には、ノエシス的行為が現れている、そこに「真の身体」があるとされるのである。

すなわち身体は死ぬものである、死という絶対否定が絶対的に生起する所である。「私と汝」が絶対的に断絶しているのも、それぞれがそれぞれの身体において自己だからである、身体と身体を合体させることは絶対に不可能である。しかし「私と汝」に「彼」との関係性が開かれることによって、その絶対的断絶は、「どこまでも断絶している」という「どこまでも」という意味が「どこまでも」ということにおいて自・他とも客観化されるというように転換され、無の自己限定として翻される。「感官の中に含まれていた真の行為的意義」とは無の自己限定として身体もあるということであり、真の自己の身体性として「人格」も考えられるのである。

しかしそうであるとしても、肉体的死にもかかわらず、死してなお「真の身体性」が得られるとはいかなる意味なのであろうか。肉体的死という「痛み」は、無の自己限定においては消えるのか。ここにおいて北森嘉蔵の「神の痛みの神学」が、刀の切っ先を突き付けるようにして西田哲学と対立する。

七–三　身体の痛み

北森によれば、キリスト教神学が西田哲学に学ぶべきは、「従来の歴史的キリスト教が絶対者たる神を「有」と考えてきたことに対して、絶対者は「無」として考えられなければならない」（北森嘉蔵、『哲学と神』、日本之薔薇出版、一九八五年、）という点である。無を神の自己否定の論理を語る語とするなら、神の自己否定という「愛の論理」については、北森は西田哲学に深く賛同する。神が「絶対無」であるから、「絶対矛盾的」、すなわちいかにしても包まれないものをも、包むことができる、すなわち「自己同一」を実現することができる、と考えられる。西田においてその包むところに「悲願」がある。「絶対矛盾的自己同一」は、「無」と「悲」によって示される。「しかし、この二つの概念の間には問題が見出されるのではあるまいか。［……］包まれ得ないものを包む絶対者の自己否定性［……］ここに当然「悲」は「悲痛」として、絶対者の痛みに通じるようである。［……］しかし、仏教用語としての「悲」が「悲痛」と熟する悲ではなく、むしろ「慈悲」と熟する悲にすぎず、憐憫同情の意味以上に出ない」（同書、一四三頁）とされる。しかし問題は、その論理の中身にある。

福音の論理においては、人間は神の手から脱落した、いかにしても神の愛に包まれることのできないものとされるところに、「神の怒り」の徹底性がある。しかし「イエス・キリストの福音は、このような徹底的なる他者としての人間を徹底的に包む神の愛である。包むべからざる者を包むことが福音の本質である。［……］しかし包むべからざる者を包む愛は、その愛の行為そのものにおいて破傷つき痛むのである。福音における神の愛は、神の痛みである。［……］罪人を愛する時、その怒りと愛との矛盾的自己同一が神の痛みである。痛みを痛みたらしめるのは、怒りの固有性であるが固有性をもたなくなれば、愛の一元主義があるのみで、痛みは消失する。」（同書、一四八〜九頁）人間はどこまでも罪人であって救いの対象から外れる、にもかかわらずその罪を包む以上、神もどこまでも癒されない傷を負うのである。このような絶対的な異常性こそ、信仰の本質であると、北森は考える。悲が無の働きであるとき、神の怒りの固有性は消失して、いわば「痛み無き悲」となるのではないか、と北森は西田哲学を批判する。矛盾という断絶が、かえって断絶ゆえに、人間を実践的行為へと動かす。無を根本とする西田哲学では、根源の無のところですでに問題は解決されていて、痛み無く矛盾は解決して、真の人間的実践も起こらない、と考えられるのである。

ところで北森では、「痛み」は「神の痛み」であるから、身体の問題は通過されたようである。しかし「痛み」という問題は、「神の痛み」であるとしても、身体を抜きに語れないのではないか。言葉が肉となった「人の子・イエス」という神の有り方において、父なる神にも「痛み」が同一化されるからである。その点を考慮すれば、西田にも「神の痛み」に通じるものが見出される。本節においてさきに述べたように、死は身体において起こる、絶対的否定性である。そこには、神と人間との絶対的断絶と同質の問題が起こっている。

西田哲学は「無の哲学」と言われるが、身体性を軸に捉え直せば、むしろ「有（存在）」の哲学なのである。その「有」は、もちろん普通の意味の「有」ではなく、「平常性」に立ち現われる「煙の如き」有である。「神の痛みの神学」による西田批判は、逆説的に西田哲学の深い本質、つまり「存在の哲学」という点を見出さしめる、と考えられる。

そのように悲哀の痛みを有つ「有の身体」の哲学として見たとき、西田哲学において、「悲哀の身体」は、「悲心の身体」の相貌を浮かび上がらせるようになる。そこに、哲学に宗教が映る事態を見ることができる。その点を、鈴木大拙を手がかりに、華厳哲学と合わせながら、本章の最後に見ておきたい。

八　「大悲」の働きとしての「事事無碍」

八–一　「大智即大悲」の身現

鈴木大拙によれば、華厳の世界観は「事法界・理法界・理事無礙法界・事事無礙法界」と四つに分けられるが、「法界が四つあるというのではない、四通りに見られる」（鈴木大拙『仏教の大意』、法藏館、一九四七年、八五頁）ということである。「法界」とは「法――霊性的直覚――の生ずる場所」であり、「事」とは「個・特殊・具体・原子」、また「分別・差別」あるいは「形体（フォーム）」であり、「理」

とは「全・一般・抽象・原理」また「無分別・平等」あるいは「質料（マター）」と説明される。「色即是空、空即是色」との関連で言えば、「色は事に、空は理に相応する」（同書、六九頁）のである。したがって華厳では、「色即是空、空即是色」は「事即是理、理即是事」と言いかえることができ、「理事無礙」と表現される。空は、虚実、有無の一方ではなく、「色と共に在り、色の中に在り、そうして色そのものである」（同書、七〇頁）から、「理」と言ったほうが適切と考えられたようである。「理」は「事事物物の中に流行して、またそれを包むものとの義」（同書、七一頁）だからである。他方「事」は、梵語では「住」の意味で、「それ故に事は漢文字のもとからの義ではない、即ち事物とか事件とかいうときの「事」の義ではないのです。［……］事は個物的実質の存在ということです」（同書、七二頁）、したがって大拙の言う「無分別の分別、分別の無分別」は、「理が事であり、事が理である」あるいは「個が全、全が個」という意味になる。

「理を事のうちに見るとか、事を理の中に見るとかいうのでなくて、理即事、事即理という」（同書、七三頁）というところが、肝要である。「重心点を事の上にも理の上にも置かないで、即の上におく」（同所）ということ、つまり「如如」「即」ということ自体に注目すれば、「理事無礙」の「無礙」が大きく浮かび上がってくる。四法界は四ではなく一であって、それぞれ目の付け所から四種に表現されるということだから、では「事事無礙」はどこに焦点をおいているかと言えば、この「無礙」自体を指している、と考えてよいであろう。だから四法界は、「事事」という「一事」に、言いかえれば、いわば「無事空」に収束する。無事に収束するところが大智であろうが、大智となるところに同時に智の働きとして出る働きをなす「大悲」がある。

「智は悲から出るし、悲は智から出ます。元来は一つ物でありますが、分別智の上で話するとき二つの物であるように分れるのです。智即悲、悲即智の体は単なる幾何学的な点でもなく、また数学上の一でもありません。これを人格性といってよいと思います。大智大悲は生きたものです。特に大悲というときには生きた人格を考えなければならぬ。しかしこれは分別智上でいう人格でないことはいうまでもない、霊性的自覚の上に現われる」（同書、六七頁）のである。つまり霊性的自覚において「即非の論理を最も生生（いきいき）した方法でその身の上に活躍させる」（同書、五五頁）ことが明現する。ところでその「智即悲、悲即智の体」に、つまり「即非の論理」を「身」に、体現するその「体」、「身」とはなにか。

八―二　悲哀の内なる身体

大拙は即非の論理を生きているものを、「不可思議体」（同書、六八頁）と言い、「体（カーヤ）」を「身」とも言いかえている。それを両語あわせて「身体」と呼んでよいであろう。「この身が不可思議であるから」、つまり思議に捉えられず、思義を超えているから、知性的分別の世界に映るとき、「色色の形で自らを顕現する」（同所）のであるが、そういう形に顕現してくる基盤に「大悲」の働きがある。もちろん「理事無礙」は、「大智の姿を現わしますが、大悲の用（はたらき）はそこには見えません。これだけですますと、泯絶（みんぜつ）無寄とか語観双絶とかいうことになって、只管（ひたすら）

に瞑想の境地を示唆するに止まるのです。動く世界を取りおとす憂いがあります、即ち理の世界が余りあって事の世界が不足する」（同書、七四頁）という面がある。繰り返し注目しようとしていることは、「即」のところで、しかも「即」は生きたものでなければならない、というところである。

「無分別・無差別の霊性的境涯は知性的分別の世界から分離したものではありません。もしそれが分離しているものとすれば、今日の生活と没交渉になる」（同書、一四ページ）ことになる。絶対と相対とが全く関わりがなければ、両者は没交渉である。しかし相対は相対であるから、いかにしても絶対に届かない。だから「絶対は相対をそのままの絶対でなくてはならぬのです。相対即絶対、絶対即相対ともいい、また一即多、多即一ともいうのはこの理であります。この世界にいてもいけないし、この世界を出てもいけないということになると、どうしてよいのかといわれましょう。これが論理の謎です、そうして人生の悩みです。」（同書、一二三〜四頁）この論理の悩みは、「分別の所産」が言葉であるから、「言葉の悩み」ということでもある。しかし「言葉は言葉としてその役目を適当に果たすべき場処があるのです。即ち言葉によって言葉の束縛をはなれることになります、分別智を克服する機会を呼び起こすものは分別智そのものに外ならぬのです。」（同書、三八頁）と言われるように、相対であるものが言葉を超えたものに通じるには、言葉を通していくしかないのである。

あるいは、「人間は苦しむようにできていて、その苦の故に苦を離脱するとも克服するともいえるのですから、苦を避けるのは人間らしくない」（同書、四〇頁）とも言われ、「業苦の意識にはそのような観照に止まらず、そのうちに動いているものがあるのです。これが業苦の彼岸に在るものと動態的に連関しているのです。業との取っ組み合いももとはこのものが後ろをつついているからです。観照も実はこの衝動の知性面に反映したものと見るべきです。業意識の裏面にこの無自覚の衝動または刺激がないと、人間特有の苦悶・懊悩・憂愁などというものはあり得ないのです。」（同書、四三頁）とも語られる。「業」とすら言われる人間行為の闇にある根深さの裏面に、それを動かしている底に、それを動かして救う当体がある。「業を離れて離れず」、ここに絶対と相対の「相即」が見られる。しかし「自分以上のものが自分を通して動くとすれば、自分は無の状態、幾何学点であるが、自分が主人公であるというところからすれば、絶対の矛盾が即非的に自己同一を生きるということにな」（同書、五六頁）るのである。人生の謎、西田的にいえば「自己の自己矛盾」は、自己の底から自己を超えたものが動くというだけではなお解き難い、その超えたものの主人が「自己」とならなければならないのである。その自己となるところに、「大悲」が働く。そこが、「即」が生きる「処」である。「処」とは、「処する」ところ、「用（はたらき）」のあるところである。

「悲心は光に輝く天体のようです、それから出て来る光明はすべての外の形体を照らしてそれを包みます、そうしてそれと一体になります。それ故、それらのものが傷めば自分もまた痛むようになるのです。［……］露柱もまた、人や馬のように疲れなくては、事事無礙の法界に徹するわけにいかないのです。法界の動力は大悲心の外にないのです。」（同書、九〇頁）「痛み」は「悲心」の外にあって、悲心が外にあるものから痛みを受けるのではない。「痛み」は、そもそも「悲心の痛み」なのである。「意識の無底の底から出て来る、名状すべからざる苦悩」（同書、九八頁）もそこから生じる。「法界は、

「今‐茲（ここ）」の空間的・時間的絶対点を中心として、大悲の場面に動く」（同書、一〇二頁）のであり、「事事無礙法界は為人度生の場所で、大悲の働きを見なくてはならない」（同書、一〇一頁）というのも、「大悲の事事無礙法界」（同書、九五頁）だからである。（露柱とは、むき出しの柱、という意味で、無情・非情なる物を意味する。禅では「無情説法」と言って、無情な物が法を説いている、と示され、「無情説法し、無情聞得す」と言われる。有情・無情の区別なく、存在するということ自体のなかに、悲心が動いている。）

もっとも重要な問題の見どころは、すでに先に述べたが、絶対と相対とは、絶対は相対の中に無いのだが、にもかかわらず相対の中に有る、ということである。西田の「場所」は、その問題を論理的に解く試みであった。論理に命を吹き込むものが、哲学の動機となる「悲哀」である。（悲哀は決して大悲心そのものではないが、有限なる人間にそれが届く形が「悲哀」なのである。）大悲が大智であるように、悲哀は論理を内包している。悲哀と論理が一つであるのは、死に行く身体が、死に行くそのことにおいて「悲哀の身体」という存在性を示すからである。ただし、そのつどたんに生れ死ぬ、という身体が、そのことで示す存在性である。北森が、無は数直線で言えばゼロ点であって、ゼロと結びついた「悲」は「痛み」とならない、「痛み」はマイナスとして生じる、と述べているが、数直線上でのゼロは整数であって無限ではない。真の痛みは、大悲のものである。痛みは痛みである以上、身体、つまり「事」から離れない。痛みがなくならないから、痛みの底の悲の働きが現動し続けるのである。「限りなく」ということは、そういう仕方で起る。西谷啓治の言い方をかりれば、「悲しみは底なく悲しみ」なのである。

「どこまでも」という具体的でありながら、同時に彼方へ消えて行く有り方は、「夢みる如く」という仕方で立ち現われる。それは、「即」、すなわち生きているという有り方の不思議に特有である。「知と愛」は「悲哀のロゴス」として、「悲哀の身体」という哲学の主体を通して、「大悲と大智」とのかかわりへと通じていくところに、論文「場所的論理と宗教的世界観」は立つ。哲学において求められたその終結は、「悲哀の身体」を軸にして、「知と愛」（哲学）から「大悲と大智」（宗教）へと通じる途であった。それはどこまでも、経験の深みに降りてゆく試みであったと言ってよいと思う。バーチャルリアリティーやネット社会の上に浮かぶ現代社会に、西田の身体の哲学は、根本的な提言をなすことになるはずである。

（註）

多くの参考文献のうち、本論と関係するものとして、特に以下のものをあげておく。『善の研究』の構造に関しては、森哲郎「『善の研究』における「表現」思想」（『西田哲学会年報 第九号』、平成二四年）をはじめとする森論考。西田哲学とキリスト教については、田中裕「西田哲学とキリスト教」（『西田哲学会年報 第一〇号』、平成二五年）、また北森神学にも論究のあるものとして浅見洋『西田幾多郎とキリスト教の対話』（朝文社、二〇〇〇年）等。空のイマージュ化に関しては、長谷正當『心に映る無限 空のイマージュ化』（法藏館、二〇〇五年）、また最新の著作では『本願とは何か』（法藏館、二〇一五年）。言葉の問題に関しては、大峯あきら『命ひとつ よく生きるヒント』（小学館一〇一新書、二〇一三年）等。西田哲学に隠れる問題、あるいは「悲」ということに関して、大橋良介の『文明と哲学』（発行財団法人日独文化研究所）での一連の論攷。

また田辺元も、「人間学の立場」において身体論を論じている。西田の身体論との比較を通じて、哲学についての両者の考え方の相違の論究も本章で扱うつもりであったが、後の機会に譲りたいと思う。なお、竹花洋佑「超越と身体　田辺元の「人間学的哲学」の構想」（『哲学論集　第五七号』、二〇一〇年）参照。

第五章　「一人」に生きる

この章では、「悲哀の身体」を生きる「一人（「ひとり」にして「いちにん」）」の底に、「悲哀の奥底」を見届けてみたい。

一　「経験」と「言葉」と「自己」

ふっと頭（こうべ）をあげて空を見上げて、清々（すがすが）しい青空にこころが吹き晴れたり、何の気なしに一輪の花に目をとめて自分の意識が透明になって、心が一輪の花でいっぱいになる、というようなことがある。そのような時、『善の研究』の冒頭で言われる「色を見、音を聞く刹那（せつな）」、という時間の切断面がきらめく。その「刹那」は、自己の「外」のものからの影響で音を聞き、また色を見ているという理解や、そもそも「私」という意識において見たり聞いたりしていると感じたり、またそれが「何」であるかという私の判断以前に現出する出来事として起る。そのように起る出来事を西田は「純粋経験」と名ざし、「直接経験」とも呼んでいる。その刹那は「我」の外にして内の出来事であるが、「内にして外」であるというのも、内外の未分にして、主客成立以前の出来事だからである。だから「色を見、音を聞く刹那」には、主語もなく、時制もなく、何を、何処（どこ）でということも表れていない。

しかし純粋経験が主語のない、あるいは主語を立てない経験であるにしても、西田は「純粋経験に関する断章」の中で、「直接経験即「是」に於ては「是」と「何」とは同一である」と書き残している。「今、ここで、このものである（是）」ということは、なんらかの形（形相、イデア、つまり「何」であるか、ということ）を有しなければ、「是」ということも事実的存在とならない。何が、何時、何処で、何を、何故、またど（何）のように、という事柄が、純粋経験においては、「是」という個物の事実性と同じ質をもつ。実在と知とが切り離されていないところが、純粋経験の特色だからである。「経験」がどのような「何」の裏にもいわば張り付いているから、「何」はそのまま「是」でよい。しかしすべての働きや存在相を、純粋経験の事実という一性に基づけ、またそこから見るという方向は、同時にその逆方向への展開という次元の異なる場面（反省の反省）をくぐらなければ、「即」の具体相はそれ自身としては明確であっても、知的あるいは自覚的には不透明で、「私」に起こる出来事としては、先の例でいえば青空や一輪の花に隠れて、自己は自己をもたないまま（脱自したまま）に留まってしまう。しかしたとえば花を見て心が奪われ、我の意識が消えて、そこで「我は花なり」と「我に返る」自覚が、純粋経験の経験としての成就のうちには含まれている。したがって「我に返る」という純粋経験の有りようそのものが、その後の西田哲学の形成を促していることになる。

さらに西田哲学の限りない展開を促すものは、「経験」が先にも述べたことであるが、「経験が経験を経験する」という経験の働き（行為的自覚）として語っていることから分かるように、動詞的な働き、自発自展を本質とするところに「経験」が見られていたことにもよる。「経験する」とは経験自身を経験的に経験して行くこと、経験という道を歩み行くいわば「行（経）見（験）」という事柄である。（西田後期では、「行見」の一歩一歩が、たんに自発自展というだけでなく、明確に「創造作用」と見定められる。）

経験を根本とするということは、経験という立場をおいて、それを原理にしてそこから思惟を展開するということではなく、そういう立場はなお経験を対象とした反省の立場であるから、思惟も「経験が思惟する」ということでなければならない。思惟という事柄も、経験することとして展開する「行見」と考えられる。「見る」ということが、「行う」ということ自身の自己展開という立場に立つことが、西田の経験的立場である。

「経験する」ということが、つねに「する」という行為的遂行の内にある、あるいは思惟も経験の外側からの反省ではなく、思惟自身も経験するという働きの自己展開である、ということは、そもそも「経験するということは知るということ」だからである。したがって、経験という「事実」的遂行は「知」るという働きと一つである。知るという働きは、言葉において遂行されるのだから、事実的経験の事柄は、そのまま言葉の出来事となる。「言葉に表せない」としばしば言われるが、事実と言葉（知）とが一つに浸透し合っている事態が、「純粋経験」である。だから後には、宗教的経験を語り得る「場所の論理」も、展開されるようになるのである。もっとも、事（こと）と言（こと）の相互浸透を言い表わすことが西田哲学の課題であったとも言えるが、さきの章でも述べたようにそれは難題中の難題であった。

さらに経験とは「自己が経験する」ということでなければ、経験とならない。それゆえ経験は、自己の成立の問題と切り離せないことになる。自己自身を問うという西田哲学の有り方は、西田哲学を理解しようとする者にも、同時に自己の有り方を問うものとなる。だから西田解釈は、同時にそれぞれのオリジナルな自己理解、自己の哲学として成り立つ。西田門下でそれぞれに個性的な哲学の展開を見たのも、そのような西田哲学の根本性格に由来する。

「経験」の事実（実在）が、「言葉」の出来事となり、「自己」成立の要（かなめ）になる。この三者は、ひとつの事柄として綯（な）い合わせになっている。それゆえに、この三者のどこから問題を考えるにせよ、いずれの問題とも関わってくることになる。そこで拙著の最終章となる本章では、「自己」を問題の焦点にして、悲哀の問題を考えて行くことにしたい。

二　「愚禿」と「平常底」

西田幾多郎は、大谷学士会発行の『宗祖観』第一巻（明治四四年四月）に、依頼を受けて「愚禿（ぐとく）親鸞」という文章を掲載している。そこでは、「弥陀の五劫思惟（ごごうしゅい）の願をよくよく案ずればひとへに親鸞一人（いちにん）がためなりけり」という親鸞の『歎異抄』の言葉が、論述の焦点となっている。この言葉については、本書でもすでにふれている。また大拙の『日本的霊性』や、この著作に応じて書かれた西田の最後の完成論文「場所的論理と宗教的世界観」でも、「一人がため」ということが、考察の核心にある。「一人がため」という言葉は、自らを「愚（禿）」と親鸞が捉えたところに根ざす。

「余は真宗の家に生れ、余の母は真宗の信者であるに拘らず、余自身は真宗の信者でもなければ、また真宗について多く知るものでもない。ただ上人が在世の時自ら愚禿と称しこの二字に重きを置かれたという話から、余の知る所を以て推すと、愚禿の二字は能（よ）く上人の為人（ひととなり）を表すと共に、真宗の教義を標榜し、兼（かね）て宗教そのものの本質を示すものではなかろうか」（『西田哲学選集 第三巻』燈影舎）と、「愚禿親鸞」という文章は書き始められている。明治四四年一月に、『善の研究』が出版されているから、これは出版後に公表された最初の文章であろう。『善の研究』以降から、幾度か大きく深く旋回する「西田哲学」の歩みが始まるが、その最初の一歩に最後の完成論文「場所的論理と宗教的世界観」にまで貫通するものを、親鸞のこの言葉への注視に見ることができる。

すでに述べたように、『善の研究』では「純粋経験を唯一の実在としてすべてを説明して見たい」と言われているが、「場所的論理と宗教的世界観」では、その冒頭、「宗教は心霊上の事実である」と述べられるところから始まる。その文に続く「哲学者はこの心霊上の事実を説明せねばならない」という言い方は、「心霊上の事実」を「純粋経験」と置きかえれば、「みたい」から「せねばならない」と立場の確立という背景からの言い方の相違があるにせよ、『善の研究』と同じ内容の表現となっている（「せねばならない」は英語の助動詞「must」の訳語であり、「must」には論理的必然性の意味があって、「せねばならない」と必然性を確信する背後には「説明」への見通しがあることを読み取ることができる）。「純粋経験」は宗教的に言えば、「心霊上の事実」と言ってよく、西田哲学の出発点（哲学）と終結点（宗教）との立脚点が、同じ所にあったことをこの両者の表現は示している。

また「心霊」は、大拙の「霊性」とも共鳴していることは、用語を一見して明らかである。「場所的論理と宗教的世界観」において、「大拙のいわゆる霊性の事実」と言っているところがあるが、「人間の生命の根本的事実」とか「自己の自覚的事実」というときの「事実」にも、矛盾する事柄が矛盾しているにもかかわらず矛盾のままで事実としてある、という不可思議が見られている。

そのような「事実」の成立には、同時に「自己」の現成（げんじょう）という出来事が見られている。

さて親鸞が「愚禿」と名乗ったのには、次のような事情があった。

一二〇七年、親鸞三五歳のおり、法然教団が弾圧され、法然に始まり親鸞を含む八人が流罪となり、親鸞は越後の国府へ流された。流罪である以上、僧籍も剥奪された。そこで親鸞は再び俗名を名のらざるをえなくなったので、「愚禿釈親鸞」と自ら名のった。「禿」とは、「頭に髪がない」という意味で、「かむろ」とも読み、山などに樹木のなくなっている状態を意味する「禿山」という熟語もある。「親鸞 僧儀ヲ改メテ 俗名ヲ賜フ 仍（よっ）テ 僧ニ非ズ 俗ニ非ズ 然間（しかるあいだ）禿（とく）ノ字ヲ以テ 姓ト為ス」（流罪記録より）とある。

「僧に非ず、しかし俗にも非ず」、ゆえに「僧の生の本質を俗において生きる」ということが起こり得るということであれば、その有り方はきわめて決定的な事柄となる。俗の生が、そのまま仏界の生となる生き方を示していることになるからである。私たちの生きる現実的場は、肉体を有っての生、すなわち俗界以外にないのだから、たんに肉体を超越せよ、というだけでは現世に生きる私たちの宗教とはならない。だから肉界の内に仏界が開ける世界が、求められる。

宗教的な有り方は、いわゆる「知」や「徳」を超えたところに実現されるが、その知を西田は「愚禿親鸞」の中で、「眼は眼を見ることはできず、山にある者は山の全体を知ることはできぬ」という言い方で語り、徳については牛頭宗（ごずしゅう）初祖・牛頭法融禅師（五九四－六五七年）の逸話を用いて示している。その逸話は、西田の紹介に補足して言えば、以下のようなものである。

法融禅師は、江蘇省江寧の南にある牛頭山へ行き、寺の北方にある石窟に隠棲した。禅師の坐禅のおりには、鳥たちすらもが競って花をついばんで来て供養したと伝えられる。ところが禅宗の四祖・道信禅師が訪ねてきて、「何をしているか」と尋ねられ、「心を観じている」と応えたところ、さらに「観るはこれ何人（なんびと）」と切り替えされて、法融禅師は応（こた）えに窮し、道信禅師を礼拝、頓悟（とんご）の法を伝えられてほんとうの悟りを得た。すると「鳥が花を啣（ふく）んで来なくなったという」。

なお「十牛図」の「第八 人牛俱忘（ぐぼう）」の「序」に「百鳥花を含む 一場の懡羅（もら）［恥ずかしい場面］」とあって（スポーツなどで、超人的美技を難なく当たり前の行為のようにやって見せるのが達人で、いかにも困難を克服してやり遂げようとしている努力を見せる段階はなお技を自分のものにしていない、というような事柄であろう。鳥にも見破られない境位、すなわち見た目に特別ではないところまでその姿は徹底しなければならない）、第八図では何も書かれず、ただ円のみが示されるが、その空相を示すその図には牛頭法融禅師の話がふまえられていることになる。そのことを考慮に入れれば、何も描かれていないということ（円相）は、特別に取り上げて示すものは何もない、日常性そのものの表現とも、読み取ることができるだろう。

十牛図とは、禅の基本テキストで、己事（己が事実として存在していることの）究明の有り方を、ということはまた自己存在の有り方を、十の図によって示したものである。牧牛者（自己）と牛（探求される自己）の関係が描かれるが、第八図以降は、自然のみが描かれる第九図「返本還源（へんぽんげんげん）」と、老人と児童とが出逢っている様子が描かれる第十図「入鄽垂手（にってん）垂手（すいしゅ）」（「入鄽」とは街に入ること、「垂手」とは手ぶら、の意味）とがある。

人間的自由を主体とする徳行は、法融禅師の例では、鳥たちによってすら花を供養される行為である。その人間としての高さを示す徳行は、自己執着にまとわれたものには、つねに仰ぎ見られる行為である。ところが人間的自由を誇るところに、自由そのものへの執着が根を張る。動物の欲望には限界があるが、人間の欲望には限界がないという事態に、それは似ている。欲望自身を欲望する純粋な欲望が人間的欲望の根っ子となっているゆえに、その欲望は限界を知らない。それと同じように、自由を誇るところには、限りを知らない深い自由への執着がかえって底深く根を張っている。

そういう最後の執着の根を切ったところは一見、平凡な「愚凡」とも見られ、もはや鳥たちは花を捧げなくなった、というのである。西田はここに、通常の高次の人間的行為と宗教的次元での行為との相違を見る。後者の行為は、「場所的論理と宗教的世界観」における「平常底（先の例では、鳥に見向きもされないようになった姿）」における「行い」を意味する。「本より取るべきもの無し、今何ぞ棄てることを用いん。有を言えば魔おこり、空を言えば象（かたち）備わる。凡情を滅するなかれ、ただ意を息（や）めよ。意なくんば心滅し、心無くんば行（ぎょう）滅す。空を証することを用いず、自然に明徹せん」（『景徳伝灯録』巻三十、牛頭山初祖法融禅師の心銘）という牛頭法融禅師のことば、ことに「空を証することを用いず、自然に明徹せん」に、「平常底」を理解する手がかりがあるだろう。

「場所的論理と宗教的世界観」において、最も多く名をあげられている哲学者は、カントである。その理由は、道徳、ないし倫理学は、自己の良心に成立根拠があるが、その良心の基礎になっている「自己」の崩壊、ないし限界から、「宗教」は始まるからである。宗教も道徳もともに、「自己の在処」が、根本問題である。もちろん哲学の問題も、そこから発する。

三　自己の底から

「愚禿」から「一人」へという事柄を見るために、大拙の『日本的霊性』にもふれながら考察を進めたい。「場所的論理と宗教的世界観」という宗教論の執筆開始へと促した機縁が、大拙のこの著であったからである。

大拙の『日本的霊性』は、昭和一九年一二月一五日に出版されている。戦時中のことであったため、その本が西田の手元に届いたのは、翌年二月三日であった。翌四日、宗教論を西田は書き始めた。自己の宗教論を脳裏において、西田は『日本的霊性』を、わずか三日で読了した。その集中力は驚くべきであるが、自己の論文執筆における問題意識と大拙の叙述とが密接に応じあっていたことが、その集中力を生み出した源泉であったのだろう。自己の宗教論を書くにあたって、大拙の新著とますます共鳴して一気に読んだと思われる。

昭和二〇年三月十一日、宗教論を書き始めてほぼ一ヵ月後、大拙宛書簡で、西田は次のように述べている。「私は今宗教のことをかいています。大体従来の対象論理の見方では宗教というものは考えられず私の矛盾的自己同一の論理即ち即非（そくひ）の論理でなければならないと云うことを明かにしたいと思うのです。私は即非の般若的立場から人というもの、即ち人格を出したいとおもうのです。そしてそれを現実の歴史的世界と結合したいと思うのです。［……］君の「日本的霊性」は実に教えられます（無念即全心は面白い）。私は論理と結合するため自己の存在を主語的方向からとか、述語的方向からとか云って一寸普通に分りにくいかも知れませぬ。これは説明すれば何でもありませぬ。主語的とか述語的とか時間空間というのはどうも論理を弄する様ですが、これらとの関係を明にして置かないとどうも学者を一言も云わさない様に説服することはできませぬ」（現代仮名遣い、新漢字に改め、句読点や、読みカナも引用者によって入れられている、以後の引用も同様。「今宗教のことをかいています」と言っているのは、もちろん「場所的論理と宗教的世界観」のことである。四月一二日、久松真一宛書簡に「今丁度私の宗教論の考の大体を書きました」とあり、四月二十一日、澤瀉久敬宛書簡に、「宗教論の方は今日一通り終わりましたが、尚よく再考、訂正いたしますので来月半頃にならねばすみませぬ」とあり、五月六日、高山岩男宛書簡では、「宗教論の原稿はもう出来上りました」とあり、十日付けの日記には、「波木居に原稿を渡す（宗教論原稿）」とある。実質的にはほぼ二ヶ月半で、原稿を書き上げたことになる。）

「即非の論理」というのは、大拙が大乗仏教の論理に名づけたものである。「仏説般若波羅蜜多、即非般若波羅蜜多、是名般若波羅蜜多（仏の説き給う般若波羅蜜というのは、すなわち般若波羅蜜ではない。それで般若波羅蜜と名づけるのである）」から命名された。「AはAだというのは、AはAでない、ゆえに、AはAである」というような「肯定が否定で、否定が肯定である」という論理、「山は山でない、川は川でない、それゆえに、山は山で、川は川である」というものである。

右の大拙への書簡にあるように（「私は即非の般若的立場から人というもの、即ち人格を出したい」）、「人」、ないし「人格」、つまり「自己」の存在を明らかにすることが西田哲学のテーマであり、「自己成立の構造」を解明する論理をもたらすキーコンセプトが「場所」であった、というようにみることもできる。そもそも「場所」は、たとえば私の居る場所は家のなかであり、その家は町中に有り、というように限りない重層性を必然的に有している。個的存在を「場所に於いてある」と考えて、個的存在より場所の方を本質的と見る。あるいは関係性の中においてしか個的存在は存在し得ず、個々人がその個人の居る場所（たとえば社会的環境や自然的環境等）によって形成されるように、個的存在を場所の表現と見るなら、個的存在の有する関係は、場所と場所との関係となり、関係が他の関係と関係するところには、関係を成り立たせる形が必ずある。したがって場所は、論理性を構造的に有しており、それゆえ「場所の哲学」は「場所の論理」へと展開したのは当然の結果であった。しかも場所性とは、関係性の開けであるのみならず、右に述べたように、西田の場所は重層性を有する。いわば垂直方向に何処までも深い。つまり水平方向（空間的性質）から垂直方向（時間的性質）への、次元の転換を内包する。あるいは両次元の交差が場所であって、場所は外に広く内に深い。有の場所は、無の場所に交差し、無の場所はまた絶対無の場所に交差する。方向の異なる矛盾するものが交差する点では、両者がそれぞれの内にありながら重なっているゆえに、場所の論理性は、有が無と交差し重なり（映し）、無が無と交差し重なる（映す）、「映現の論理」となる。「映す」については、なお後述したい。

すでに述べたように、「知る」ということがなぜ成り立つか、しかも根本的には非対象的なものを知るということを根拠にしてそこから成立する知を明らかにすることが、近世哲学としての西田哲学の課題であった。非対象的なものとは、たとえば「生命」であり、「自己」である。生命そのものは物質現象を通して存在しながら、物質には「生きる」という働きは留まらない。しかし生命という「形」に留まらないものにこそ、真の存在性がある。西田が、「意識された意識」（心理学の立場）ではなく、「意識する意識」（生を捉える立場）を問題にしたのも、非対象的な知る働きを求めたということであった。もっとも身近であるはずの「自己」は、それ自身として身近であるゆえに、対象化して知り得るものではない。対象化されれば、それはすでに「自己」ではなくなっている。非対象的なものは、対象化して知る論理には届かない。だから非対象的なものを知る知を、西田は「自覚」に求めたのである。非対象的なものを知るには、自己が自己を知る、という仕方でしか可能ではない。

しかし「自己が自己を知る」というだけでは、「自己意識」の外に出ることができない。西田では意識も経験の事柄として受け取られていたから、「意識」も内と外とに開かれたものであった。経験とは、自己の閉鎖性を破る出来事だからである。自己を破るものが、たんに超越的なものであれば、超越するものは自己の外にあることになり、いわゆる「神秘主義」に陥る。自己を破るものが再び自己であることを知ることが、知とは真の「自覚知」である所以を告げる。だから、「自覚の意識の成立するには「自分に於て」ということが附加せられねばならぬ。知る我と、知られる我と、我が我を知る場所とが一つであることが自覚である。［……］我々の自覚の本質は、我を超越したもの、我を包むものが我自身であるということでなければならぬ。」（Ⅳ-一二七）、と言われたのである。

ここで大拙の『日本的霊性』の次の言葉を見ておきたい。「霊性そのものは超個己底であるが、個己を通さないと、それみずからを表現しないのである。すなわち「親鸞一人がためなりけり」ということにならないといけないのである。絶対愛はもとより超個己であるが、それが個己の上に直覚せられるとき、ほんとうに絶対なのである。」

西田の「我を超越したもの、我を包むものが我自身である」という言葉は、大拙が、「超個己」が「個己」として表現される、と言ったことと同様の理解をふまえている。

自己を超えたものが、自己の底から自己として露現する。そのさい「超個己」が「個己」を通して現れるということが、「個己の上に直覚せられる」ということとして指摘される。「中心のない無限大の円環内に一人という中心を認得すること」、とも大拙は述べている。大拙にしたがえば、その直覚とか認得の自覚が、「親鸞一人がためなりけり」という親鸞の言葉の意義であった。

「親鸞一人が」という表現によって、親鸞という一人（個己）が際だって照射される。その照射が、「ためなりけり」と受け止められる。「なり（nari）」は、「にあり（niari）」から作られた（niariからiが落ちてnari）語であるから、「ためなり」は、弥陀の本願はその一人の「ためにあり」ということである。「親鸞にある（ためなり）」とは、親鸞という一人が開きだされ、そこにおいて本願が成就していることである。「けり」は、そのことへの気づき（直覚、認得）と、気づいたことによる詠嘆、感嘆、讃嘆の気持ちの表現である。さらに親鸞が、その事実を決然と受け止めていることも示す。「なり」で終わっても不思議はないが、「けり」とまで言わざるを得なかったところには、「親鸞一人のため」という事実そのものに、事実そのものであることにおける認得、直覚、自覚がこめられている。その

「けり」と言う自覚のところに、根本的な転換の秘密がある。「個己の上に直覚せられるとき、ほんとうに絶対」になるからである。

次の「場所的論理と宗教的世界観」からの引用において述べられるように、宗教は道徳の限界を通して示される。よるべき自己が瓦解し崩壊し、茫然自失のところにおいて、自己の底から「けり」という自覚が開かれて、道徳から宗教への飛躍が起こる。

「宗教心というのは、多くの人の考えるように、有限とか無限とか、相対と絶対とかいう如き過程的関係において生ずるのではなくして、我々の自己自身の存在が問われる時、自己自身が問題となる時、はじめて意識せられるのである。」

「然らば如何なる場合に、我々に宗教的問題というものが起るのであるか。宗教心というものは、如何なる場合に、意識せられるのであるか。宗教の問題は、価値の問題ではない。我々が、我々の自己の根柢に、深き自己矛盾を意識した時、我々が自己の自己矛盾的存在たることを自覚した時、我々の自己の存在そのものが問題となるのである。人生の悲哀、その自己矛盾ということは、古来言旧（いいふる）された常套語である。しかし多くの人は深くこの事実を見詰めていない。何処までもこの事実を見詰めて行く時、我々に宗教の問題というものが起って来なければならないのである（哲学の問題というものも実は此処から起るのである）。」

「人生の悲哀、その自己矛盾」の「自覚」が道徳から宗教への飛躍を起し、「自己の底」を開く。

四　大悲の働きとしての「自覚」

人間の存在状態は、自然的有り方、道徳的有り方、さらに宗教的有り方という三層に区分できる。自然的有り方は、自己の外にあるものを自己のものになそうとする欲求的、本能的な人間性を示す。道徳的有り方では、本能に対して理性的な意志の支配を目指す人間性が特徴である。しかし西田は、「理性が死を自覚することはない」と指摘している。死の「自覚」という事柄が、真の宗教性を表現する「自己の底」を開く。

「個人」とごくふつうに名指される人間の有り方は、人間は個という有り方において、自己として存在するということであるが、個であることはどこまでも普遍を否定することにおいて成り立つ。一人の個人をいくら概念的に規定しても、なお存在している一人に届かない。個人はどこまでも主語となって述語とならないゆえに、個人なのである。一般を否定するところに個として成り立つということは、個とは理性を破る非合理性を最終的本質とするということである。「個」という有り方には、理性を破る意志の事実がある。「絶対自由の意志」を包んだ「見るものなくして見る」という「自覚の立場」は、「個」の問題の場面で、再び意志の鉄壁に面前する。しかしかえってそのことによって、「自覚」の底において、「逆対応」という事態に出る。

どこまで自立的個という有り方を貫ぬいていても、自然災害、突然の事故、予想外の罹病等を避けて超えることはできない。そもそも生も死も人間の自由の内にない。そのような事態の前で、個的自己は「絶対無限なるもの、即ち絶対者に対する」ことになる。「絶対否定に面することによって、我々は自己の永遠の死を知る」のであるが、しかし西田は「単にそれだけなら、私はいまだそれが絶対矛盾の事実とはいわない」と述べている。相対的で有限である個を、どこまでも自己に引き受けて、有限性を貫くという考え方も成り立つ。生死は自己の手の遥か彼方にあるとしても、今この手にしている有限な生をどこまでも自己の手に収め、納め、治めて行こうとする生き方がある。無限はあるにしても、自己の有限性の徹底化の向こうに透かし見えるのみである。あるいは死ねばすべてが消える、それだけのことである、という死の受け止め方もある。しかし有限性や虚無性に徹するだけでは、なお「絶対矛盾の事実」に届いていない。いずれ死にゆくものが、たまたま今生きている、ということだけではなく、今生きていることの中に生の永遠性が映っている、ということにおいて、「絶対矛盾」がある。

絶対否定に対するのみならず、そのことにおいて、「自己の永遠の死を知ること」というように、「知る」ということを繰りかえし西田は述べている。「知る」ということを通して、すなわち「自覚」が成り立つところに、絶対矛盾がたんに事柄としてではなくわが身に起る事実として生起する。「自覚」という自己の内の自己の事柄として、すなわち「自己がある」、「私が存在している」、ということにおいて、「一人」の成立が「一人がためなりけり」という「響き」となるところに、相反する事柄が矛盾するものとして並び立つのである。

存在は、いつも自他のかかわりにおいてのみ可能である。だから「私がある」ということの内に、「あなたがある」ということも響き入っている。「響」という漢字は、食卓で語り合って心を通わせている様を表わしているようであるが、「響く」においては音と音の交響が聴かれている。「一人がため」があって「一人がある」ということが、「一人」において響き合い、響き入り、響いている。「自覚」という私の内の響き（大智）は、「私のため」に響き入るという「大悲」と一つになって、「私一人」という響きが響く。自他という絶対的断絶の間は、響き合い、響き入る、という仕方で成立ち、その響きは矛盾しながら相並び立つ呼応、すなわち「逆対応」という仕方で響くのである。

死が生となり生が死となる、あるいは死は生を、生は死を映すという矛盾が矛盾でありながら両立するのは、自覚知という働きによる。「絶対矛盾」の「絶対」とは、底なき矛盾へと矛盾が徹底することを意味し、底なき矛盾は、矛盾が矛盾のままで矛盾ではなくなる、事態を語っている。矛盾が底なき様（さま）になる転換は、「知る」すなわち響き合いとしての「自覚知」による。自覚の底には、いわば「愛の認得」があり、響き入る「弥陀の呼び声」、大悲の響きが共鳴する。

このことは、大智が大悲から起る、ということであるが、その事態は「平常底」という有り方を支える。

五　「逆対応」と「平常底」

宗教論が書き始められた一月以降の西田の書簡には、宗教論と関わって、きわめて重要な事柄が認（したた）められる。「一面に煩悩無尽の世界は一面に仏の慈悲の世界である。大拙は極楽が娑婆に映り娑婆が極楽に映って居るという。私は対応というものをまだ入れなかったが之を入れると都合がよい」という言葉や、大拙に向けて「君の東洋文化の根柢に悲願があるということよく考えて見るとそれ非常に面白い。私もそういう立場から考えて行って見たいと思う。その故に西洋の物の考え方がすべて対象論理的であったのだ」（五月十一日）と書かれている。西田も、「大智は、固（もと）、大悲大慈より起るのである」（「宗教論」、三七〇頁）と述べる。対象論理的な考え方が、非対象的なものの論理へと転換するのは、自覚という知る働きが「悲願」つまり弥陀の「大悲」の働きの本にあるから、とみることができる。「大悲」は「映る」という「自覚」の事実として、立ち現われる。

次の引用で大拙が述べる、禅宗（臨済宗・曹洞宗）の四弘誓願（しぐせいがん）は、「衆生無辺誓願度（しゅじょう むへん せいがんど）、煩悩無尽誓願断（ぼんのう むじん せいがんだん）、法門無量誓願学（ほうもん むりょう せいがんがく）、仏道無上誓願成（ぶつどう むじょう せいがんじょう）」の四句である。誓願とは、仏道修行者、つまり菩薩の立てる、一切衆生救済の願である。その願の成就まで、菩薩は涅槃にはいらないという誓いに裏付けられた願である。菩薩の誓願は、大悲を意味する「衆生無辺誓願度」（一切の衆生が救済されることを誓願する）が根本となる。

「「衆生無辺誓願度」は、分別の上で、他人の苦しみ、自分の苦しみというように分けて感ずるのでなくして、存在一般の苦しみ、世界苦あるいは宇宙苦というようなものに対しての大悲の動きである。宇宙苦を見るのは大智であるが、それからの離脱は大悲の能動で可能になる。「見る」ということは、ただ見るということでなくして、脱離の大悲が動いて初めて見ることができるのである。ただ見るということは有り得ない。見ることは見ようとすることがあるからである。それが大悲である。大悲が先で大智は後であると言ってもよい。しかしこれは話の順序をいうので、事実経験の上では、悲即智、智即悲で、同時同処に動くのである」（『日本的霊性』、三七三頁）、と述べられている。

ここで「世界苦」とか「宇宙苦」とは、「悲哀」と言いかえてもよい。

この原稿を書いていた時、ほんとうに痛ましい事故が起こった。二〇一六年一一月六日午後五時過ぎ、東京の明治神宮外苑で開かれていたイベント「東京デザインウィーク」に出品された、その中心部にかんなくずのようなものを詰めた木製のジャングルジムが燃えた。高さ二、七メートル、縦と横は三、一五メートル×四、〇五メートルの構造物だった。白熱電球の熱によって、瞬く間に燃え上がったようだ。中に取り残された五歳の男の子が焼け死んだ。助けようとした父や四〇代の男性は、火傷を負っている。

燃え盛る炎の中で、子どもは激しく泣き叫んだはずである。ほんの二メートルばかり離れたところにいた父に、その声が聴こえなかったはずはない。そのとき、慟哭ともいえない、もっと強くてしかもやるせなくてはかない咆哮（ほうこう）が、きっと父親の深い内部から動き出たであろう。そこで動いたものは、悲しみの感情というようなものを通り越している。その悲哀は、「宇宙苦的悲哀」とも言うようなものであろう。父子の悲しみは宇宙苦的悲哀と響き合い、悲哀は悲哀のままで悲哀に限りなく浸透してゆくほかに行き場はない。その場で悲哀は、「悲しみを通り越した悲しみ」に開かれる。だからそこに悲しみそのもののような「脱離の大悲」が動く。世界苦から脱離するのではない。世界苦に脱離するのである。悲哀の秘密は、悲哀が悲哀に深まる、悲哀に脱離することが、悲哀の脱離となるところにある。ただひたすらに悲しい、という時、悲しさが底抜けている。だからただ悲しいだけではない。底が抜けるから、孤独で侘しい悲しみの調べは、共鳴として響くことができるようになる。

共鳴する響きは、かならず響き合う自他を知ろうとする。響きが響きを自覚すること、知ることで、響きが透明となるからである。つまり自他を隔てる膜が透ける。隔てる膜が透けることで、侘びる悲しみが、満ちるものに包まれる。だから「知る」ということの底に、その底を抜いて見ようとする大悲の声が響いている。非対象的なものを見る知は、大悲が動くことで得られる「道交」という響き合いの仕方で成就する。

大拙はやはり『日本的霊性』の中で、「知」と「意志」の関係ついて次のように述べている。少し長いが、引用しておく。「感性［……］情性と意欲とを分けて考えておくと便利なことがある。それからこんなにさまざまのはたらきを分けて話しするはたらきを知性と言っておく。［……］霊性は上記四種の心的作用だけでは説明できぬはたらきにつける名である。水の冷たさや花の紅さやを、その真実性において感受させるはたらきがそれである。紅さは美しい、冷たさは清々しいという、その純真のところにおいて、その価値を認めるはたらきがそれである。美しいものが欲しい、清々しいものが好ましいという意欲を、個己の上に動かさないで、かえってこれを超個己の一人の上に帰せしめるはたらきがそれである。このはたらきは知性のよくすることであると考えるものもあろうが、知性は意欲に働きかける力を持たぬ。［……］意欲によりてこそ知性はその能力を持続しているのだともいえる。あるいは知性は意欲からの産物である。知性はそれ自身で意欲の桎梏（しこく）から離脱し能わぬ。それが可能になるのは霊性の効能である。［……］無分別の分別はこんなあんばいにしてはたらくのである。／しかし霊性のはたらきはこれだけではすまぬ。もしこれだけのものなら、日本的霊性をいうことはできぬ。霊性は大円鏡智で妙観察智たるに止まる［……］霊性には、仏教の語彙で言えば、成所作智がある。ここに日本的と言いうる霊性の特殊を認めるのである。［……］大円鏡智を霊性の知的直観というなら、成所作智はその意的直覚である。」

「感性」、「情性」、「知性」、「意欲」と、大拙は心的作用を、四つに分類している。感性と情性は、

「感覚」と「感情」と言うこともできるであろう。「感」とは、物事と関わって心が動かされる（感情）、またそのことで物事を知る働き（感覚）、のことである。物に心動かされ、物と一つになるという仕方で、知る、ということが、「感」にはあって、外側から知る「知性」よりもそれはより深い「知」ということもできる。大拙は、このような「感・情」性に加えて、「欲しい」「好ましい」という心の側からの内的動きを「意欲」と呼んでいるが、「感・情」性と「意・欲」とを合わせて、「情意」と呼んでもよいであろう。外のものから動かされて（感情）、内から働きかける動きが出て（意欲）、内と外とが一つになるところを、「情意」と理解しておきたい。

注目すべきは、「知性は意欲からの産物」と言われていることである。「ただ知る」ということはなく、物事に触れて、心が動くことで「知る」という働きが起る。動く始めの後に、物事を分ける「知性」が働く。だから物と心との相関関係を超えて知ることは、「知性」にはなしえない。「知性」は、心が動いた後からの反省である。さきにも述べたように、知性の根元は大悲と響き合う情意を根底とする。そのことでほんとうに「物事を知る」ということが、可能となる。

ところで大拙は、「しかし霊性のはたらきはこれだけではすまぬ。もしこれだけのものなら、日本的霊性をいうことはできぬ。霊性は大円鏡智で妙観察智たるに止まる［……］霊性には、仏教の語彙で言えば、成所作智がある。ここに日本的と言いうる霊性の特殊を認めるのである。［……］大円鏡智を霊性の知的直観というなら、成所作智はその意的直覚である」と述べていた。

「四智（しち）」について、『大辞林』では次のように説明されている。「唯識派に始まる概念で、仏の完成された悟りに備わる四つの智。万物の真理の姿を示す大円鏡智、自他が根本的に区別のない同一の存在であることを知る平等性智、教化の対象をよく知り、的確な説法を行う妙観察智（みょうかんざつち）、対象に適した変化（へんげ）を示す成所作智（じょうしょさち）の総称。四智は、それぞれ八識の阿頼耶（あらや）識、末那（まな）識、意識、他の五識が真理に転換して生ずるとされる。」他の五識とは、目・耳・鼻・舌・身の五根によって生じる感性的意識のことである。

情意に働いて感応道交的に直観する智力に、「第一の大円鏡智、第二の平等性智、第三の妙観察知、第四の成所作智」と呼ばれる四智がある。八識の汚れが消え去り、四つの智慧に転成する、と言われる。大円鏡智はアラヤ識が、平等性智はマナ識が、妙観察智は意識が、成所作智は視覚などの五感が智慧に変わったものである。

大拙の説明で注目すべきは、第一の智力を、大円鏡智ではなく五感の働きである成所作智に見るところに、日本的霊性の特色がある、と指摘している点である。見たり聞いたりする日常的感覚能力を、知的直観に対して、知に対して意、直観に対して直覚と言って、「意的直覚」と大拙は表現する。それは西田の「純粋経験」を、「意的直覚」と言いかえたとも理解できる。

成所作智を「作り成す（成・作）働き」、あるいは「生成する所に智の作用がある」というように解釈することができるのであれば、感覚の浄化され純粋化された働き、すなわち成所作智とは次のように理解してよいであろう。感覚とは物と一つに成って（物と成って）、物を作る（見る）ことで、自他を知ること（智＝無分別の分別）である、と。すると西田の「行為的直観」や「作られて作る」という事柄と相応する。その成所作智の働きを「意的直覚」と言うとき、さきにも述べたように「意（志）」は「個（人）」と一つに結びついているのだから、大悲の働く「一人（意）の認得（直覚）」という「一人の自覚」は、端的な直覚的感覚ということになる。見たり聞いたりするというごく当たり前の日常生活、平常の生活そのものの世界が、広く深い具体的な自覚の領野とみなされる。いわば純粋経験の経験としての特別性を脱却させて、純粋経験にして平常経験へと脱胎させるところに、日本的感覚理解の特殊性にして根源性がある、ということになる。

このような日常性の立場は、親鸞の「自然法爾」とか播州の禅者である盤珪の「不生」と通じる。しかしそのような自然性、平常性、単純性、素朴性、端的性は、絶対矛盾の絶対性、すなわちすべての相対を包み込んだ平等性の性質のものである。そのすべてが平等であるという「平常性」を西田は、「終末論的平常性」とも言っている。親鸞の悪人正機説にみられるように、滅び行く悪人が悪人であることにおいて救済に臨みうるという逆対応が、絶対者の絶対者たる当然のゆえんという自然性の示現となる。悪人救済という大悲が、絶対者が絶対者であるがゆえに示す自然な働きとなる。

逆対応的立場は、「世界が世界を失うという方向」（「宗教論」、三九〇頁）を有つ平常底の立場、つまり「終末論的平常性」、絶対自由の立場であることにおいて、「世界の始に触れるとともに常に終に触れている」（「宗教論」、三八〇頁）絶対現在的立場である。その絶対現在性を、西田は「平常底」と呼んだのである。

六　悲哀の底に流れる自他関係

西田の哲学は自他の関係を開くことを探求したものと言えるということはさきに述べたが、逆対応を入れることで、「作る」という意味が「表現」と結びつくようになる。

「独立的なるものと独立的なるものとの矛盾的自己同一的関係には、作る作られるということが入って来なければならない。〔……〕自己が他となるのでもない、他が自己となるのでもない、他が自己表現的に他の自己を作ることである」（「宗教論」、三七一頁）、と述べられる。自が他を、自己の自己表現として、他が自を、他の自己表現として「作る」ことにおいて、自他がそれぞれ独立していながら内的関係が開かれる、と西田は述べているのであろう。この西田の叙述で注意すべきは、自が他となるのでも、他が自となるのでもなく、しかしそれぞれ自と他が回互（えご）する、ということである。互いにそれぞれの内側から関係し合うことを、自が他を表現し、他が自を表現する、と西田は言う。あるいは逆対応をふまえれば、自が自であることにおいて、自他関係が開かれて、同時に他が他であることができる、とも言うことができる。見るべき焦点は、「作る」ということで「表現」を語っていることである。それは、「対応」という有り方を考えいれたことによって開かれた見地である。

西田は「逆対応」ということを、大燈国師の次の言葉によって示す。「億劫（おくごう）相別、而須臾（しゅゆ）不離、尽日相対、而不対（億劫相別れて須臾も離れず、尽日相対して刹那（せつな）も対せず）」、その意味は「永遠に別れていながら、ほんのわずかな時も離れていない。しかも一日中向かいあっておりながら一刹那（＝瞬間）も向かいあっていない」、というものである。相別が不離と、相対が不対と対応するのである。（大燈国師とは、鎌倉後期の臨済宗の僧で、大徳寺の開祖である。諱（いみな）は妙超、道号は宗峰、大燈国師は通称、諡号（しごう）を興禅大燈国師・高照正燈国師・大慈雲匡真国師といい、後醍醐天皇、花園上皇の帰依を得た。建武四年（一三三七）に、五六才で亡くなっている。）

注目すべきは、次いで親鸞の「弥陀の五劫思惟の願をよくよく案ずればひとへに親鸞一人がためなりけり」を引いて、「逆対応」について語っていることである。

相矛盾する「相別・不離、相対・不対」が、逆対応という対応を示す。矛盾することは、対立ではない。矛盾がある、ということには、矛盾が矛盾でありながら矛盾しない、ということがある。しかし通常の対応ではなく、矛盾するものの対応ゆえに、逆対応と言われたのである。矛盾的でありながら同一することを、対応という事柄から表現されたのである。

大燈の示した逆対応の成り立ちが起るのは、悪人正機をもたらす大悲の働きによる。大燈がついで親鸞が取り上げられたのは、逆対応を禅宗においても浄土真宗においても示すことができるというだけではなく、そこには、逆対応の理は大悲に根拠をもつ、ということが含意されていたのではないか。自覚という大智の働きなしには、大悲の光明の輝きは見えてこないのだが、その光明において大悲は逆対応という理を超えた理を展開する。しかも「親鸞一人がため」という絶対現在に立つ一人の時を離れて展開されるわけでない。

曽我量深は、「仏の本願は吾人の現在の廻心より始まる、［……］現在帰命の一念を通して南無阿弥陀仏が流れているのであります。自分と没交渉にあるのではない、歴史は自分を通してあるものであります。」（「仏教の世界観」）と述べている。現在があって過去があるように、今現在生きている自分がはるか昔に起こった釈迦の成道と同じところに立つ、そういう同時性の場が歴史を開くのである。「現在帰命の一念」が、阿弥陀の呼び声を自己の底に流れせしめるのである。もちろん「帰命の一念」そのものが、阿弥陀から起っているのだが、その起りの初めは自己の一念、「親鸞一人」という有り方から流れはいる。もちろん一人の廻心から始まり、一人に窮極するのだから、一人から入り、一人に出るのである。

右のように理解してよいのであれば、独立しているものの自他関係は、「一人の底」に流れる、大智にして大悲によって形成されると言ってよく、次の引用にあるように、絶対者の自己否定の眼目は人を作るというところにある。「親鸞一人がためなりけりという、唯一的個的に意志的なればなるほど、斯く（筆者注：「絶対者が悪魔的なるものにおいても、自己自身を見る」という「絶対愛」の宗教の根本義）いわなければならないのである。絶対者は何処までも自己自身を否定することによって、真に人をして人たらしめるのである」（「宗教論」、三六七頁）

一人において世界が破られる。神は自己否定して、一人に世界を破らしめる。そうでなければ、一人の絶対的意味はでてこない。しかし世界を破るということは、そもそも有限なものにはなしえない。世界を破る可能性には、すでに絶対者が関わっている。しかも自己以外に誰もいないところでは、神の関与はその一人に全面的である。

「一人がため」が「一人のみ」となったとき、「一人」は時間の経過を超えて、時の起こる「初め」に出る、時間の創造以前の「時」に立つ。そのとき「神のみ」が、「一人のみ」に対してくる。創造以前にあるのは、神のみだからである。しかしその「対」は、経過する時間における対し方ではありえない。つまり同時性に立つ「呼応」という対し方が、そこに見出されるのである。人を人たらしめる、一人が一人となることを、西田は「名号的表現」と呼ぶ。「絶対者と人間との何処までも逆対応的なる関係は、唯、名号的表現によるのほかない」（「宗教論」、三七四頁）、と西田は述べている。自己が他者の自己表現となるというときの「他者」とは、また絶対者である。絶対者に呼びかけ呼びかけられる「名号」という「ことば」の力とあり方に、「一人における逆対応」は具体化される。

「親鸞は罪業からの解脱を説かぬ、すなわち因果の繋博からの自由を説かぬ。それはこの存在——現生的・相関的・業苦的存在をそのままにして、弥陀の絶対的本願力のはたらき［……］にいっさいをまかせるというのである。そうしてここに弥陀なる絶対者と親鸞一人［……］との関係を体認するのである」（『日本的霊性』、一一八頁）と大拙が述べているように、我が我である、我一人である、という自覚は、一人の底に一人たらしめる弥陀の声を聴くという「絶対者と一人の呼応の体認」となる。

独立しているものの相互関係は、自己が自己自身であることにおいて、かえって他を映し表現しているという仕方でなければならない、そうでなければ独立性が損なわれる。自己が他者の束縛を解いて他者を自由にするのであれば、他者は独立的自由をかえってそのことで失う、自己の自由の根拠が他者に依存していたことになるからである。自由はみずから手にするものでなければならない。他者からの「自由にあるように」ということばによる呼びかけ表現によって、みずから自由になることによってのみ、独立した他者によって、独立した自己が作られるのである。そのような独立したものの相互関係は、言葉による呼応の論理としての「名号の論理」によるほかない。場所的論理の最後の一歩は、ここに至るものであった。「意志と意志との媒介は言葉によるのほかはない（絶対矛盾的自己同一の関係として）。〔……〕言葉はロゴスとして理性的でもあるが、また超理性的なもの、否、非理性的なるものは、唯言葉によってのみ表現せられる」（「宗教論」、三七四頁）という指摘は、決定的に重要である。

西田は知るという働きを場所的に理解することで、「包む」とか「映す」という用語で「知る」という働きを示している。知るということが、包摂判断をふまえて、場所論的に理解されたゆえに、知るということは「包む」と言いかえられた。また鏡という場所に映す、という連想から、「映す」とも言われたと考えられる。宗教論では、「映す」ということが「言葉」の働きとみられ、独立して断絶している者同士の媒介は、この映すという働きをする言葉に求められる。

「うつす」という言葉は、「うつろふ」という古語に由来する。「映る」に継続の接尾語「ふ」をつけて、「うつろふ」と使われた。「うつろふ」という語は、「映る」は「移る」という意味であるが、「移る」は「うつろふ」であると改めて受けとめ直してみれば、「映る」とははかなく消えて行く「無常性」を湛（たた）える言葉であったことに気づかされる。映す、ということは、もともと空しく消えて行く無常の中に立つ、ということであったのだ。言いかえれば場所の働きと同様に、無の働きであるがゆえに、自己を空しくして他を包むことが為し得る。それゆえ、断絶する両者を媒介しうるのである。「映す」ことは、「空ずる」ことでもあるから、非理性的なものをも表現しうることになる。

西谷啓治には、「弥陀の五劫思惟の願をよくよく案ずればひとへに親鸞一人がためなりけり。されば、そくばくの業をもちける身にてありけるを、たすけんとおぼしめしたちける本願のかたじけなさよ」という言葉をめぐって論じた、「親鸞における「時」の問題」（一九五八年初出、『西谷啓治著作集 第十八巻』創文社、所収、今後この本からの引用は、「時の問題」と表記し、引用頁数のみを記す、また新漢字に改めている）という論文がある。その論文において次のように述べている。

「（筆者注：親鸞の存在は）いはば乾坤唯一人の場に立っている。その透脱は、仏の召喚に応ずることであり、天地の間に唯ひとりといふその場は、本願成就の時との同時性の場にほかならない。／つまり、本願成就の時が親鸞の信心決定のうちで現在となり、親鸞の信心決定の時が本願成就の場での現在となることとである。親鸞といふ人間において本願成就が歴史的現実的に成立するといふことである。そういふ同時性の場が開けるその時、親鸞は「ひとり」となる。「ひとり」となるといふことと本願の成就ということとは同じことである。［……］親鸞が本願の力によって救はれるその時、親鸞は「ひとり」といふあり方にされつつ救はれるのである。のみならずまた、本願を自ら一人のためとして受け取り得るといふことは、ひとりといふあり方にされるといふことと別ではない。／「親鸞一人がためなりけり」といふ省察は、「ひとり」にされたあり方（実存）がそのあり方自身を自覚して行くことに外ならない」（「時の問題」、二一九-二二〇頁）。

「自己が自己である」という一人の有り方にされることは、孤独に突き落とされるということと真反対である。むしろ我一人という「一人」として生きることが、「本願成就の場での現在」を生きることである。悲哀の海に生きる一人の底には、映す言葉の働きによって逆対応が脈動している。「悲哀」という自己の自己矛盾は、映す言葉の空ずる働きを、その底に流れせしめることによって、自己を作ることで他を作るという自他関係の表現である「我一人」という有り方に極限し、休（やす）らぎに推移する。

あとがき

本書が出版される二〇一七年は、明治から数えれば明治一五〇年ということになる。西田の生きた人生のほぼ二倍にあたる。近代化の歩み方が、さらなる今後の七五年のうちにいかなる相貌を現わすか、その事態に対して次世代へのバトンタッチを行いつつある世代の筆者が、何を言っておくことができるか。そういう思いが、執筆の底流にある。同時に筆者自身の人生も、あとどれほど許されるか、誰にもさだかではない。ならばここで冥途への一里塚を刻んでおきたいという思いもある。

筆者が「哲学」に関わろうとした動機には、「孤独の悲哀」とでもいうようなものがあった。それは、青春の感傷、という一面もあっただろうが、もう少し根が深いもの、人間が生れてきて以来、人心の底に流れており、また自分というものの生の底にある業（ごう）というものに根ざしていたように思う。文学では清算がつかず、宗教者という有り方にもはみでるもの、そういうものに動かされて哲学の領域に足を踏み入れることになった、と振り返って受け止めている。学部は経済学部卒で、大学院から哲学科で学んだ。そういう事情も関係したかもしれないが、哲学のプロパー的な論述からいえば、筆者の研究論文は、どこか本質的にトーンが異なっていた。いわば「魂の記憶」をたどりつつ考える、ということから思索してきたと言えば、少し自分自身では納得できるように感じる。「記憶」と言っても、西田が語り、アウグスティヌスの言う意味あいでのことである。

胸底に蟠（わだかま）っている「孤独の悲哀」に道筋をつけておくことができるものが、西田哲学にはあった。このような言い方をすると、個人的な思いからの西田解釈の書と受け取られるかもしれない。しかし筆者の思いは他の人々の思いと重なるものとして、受けとめ深めて行くということが、筆者の哲学への試みであった。主観的な思い入れの表白に留まることに対して、つねに自戒してきたつもりである。「悲哀」の意味合いも、本書で述べてきたように、たんなる感傷や感情に留まるものではない。

拙著の出版を思い立ったのは、二〇一四年五月から六月にかけて、京都の日独文化研究所の初夏講座六回の講義をもったことによる。表題は、「六つのキーワードからみる西田哲学」であった。「経験・時間・自覚・場所・論理・悲哀」をキーワードにして、西田のテキストをもとに、西田哲学をたどる、という講義内容であった。聴講者の方々の熱意に促されて、私の方も熱の入った話ができたように思う。講義をしているうちに、作成した西田のテキストに基づきながら、講義を再演するようにして、西田哲学を物語るような原稿がすぐに書けるように思えた。講義をもとにしているので、分かりやすい、一般の人々にも届きやすい内容の西田哲学につての本ができると考えたのである。まえまえから噛みくだいて、かみ砕いて、西田のテキストを読むようなものを、西田理解に貢献するために、出版してみたいと考えていたこともある。晃洋書房の井上芳郎さんに出版の相談をしたところ、即座に快諾していただいた。

ところがいざ原稿を書き始めると、少しも前に進まなくなった。種々の事情にもよるが、本質的なところでは、西田哲学の分かりやすい概観というような構想は、それ自体意味のある事柄でもあろうが、書きたい思いとすれ違っていったからであった。以下は西田論述にしぼった筆者の事情と、本書の成立過程である。

第一章を書き始めたころに、平成二七年度の西田哲学会（学会は毎年七月に開催される）での講演が決まった。本書第四章「悲哀の身体」は、その講演原稿にあたる（ただし講演できたのは時間の都合で前半部分のみであった。その内容は、『西田哲学会年報』第一三号（平成二八年七月）に、「悲哀の身体　西田幾多郎における「知と愛」」という表題の論文として掲載されている。）この学会講演の原稿作成の準備と本書の執筆とが、というぜんのことに内容的にも重なった。また二〇一五（平成二七年）年は、西田哲学会後に、スペイン・マドリッドでの国際フィヒテ学会での発表もあり、第二章の執筆は、二〇一六（平成二八）年になってからとなった。さらに「Tetsugaku Companion to Nishida Kitaro」という本がアメリカで出版されることとなり、この年の九月末までにその本の「自覚」の項目の原稿を書くこととなった。英語での出版となるので、日本語原稿を早く書き上げる必要があった。しかし結局は、西田哲学会のシンポジウムの提題にもとづいた論文「直接経験の自覚」（『西田哲学会年報第三号』平成一八年）に加筆訂正をしたものを翻訳して提出した。また平成二〇年『理想 No. 681』に掲載された「悲哀が言葉となるとき」という西田の言語論についての論文があり、この両論文を本書の第三章にあてた。八月は石川県西田幾多郎哲学記念館での夏期講座での講師を務めさせていただいたこともあり、第五章は昨年の九月から執筆し始めやっと一二月当初に書き上げたものである。平成二三年に『場所　第一〇号』に掲載された「一人がためなりけり　西田幾多郎と愚禿親鸞」という論文を一部ふまえている。

経験、意識、自覚、言葉、身体、一人、というテーマを追いながら、「悲哀の底」をさぐる、という内容になった。「底」と言っても、悲哀の根元（ねもと）にある悲哀の実体的な根源を意味しているわけではない。形なき形の在処（ありか）を、「底」と言ったのである。「果て」がいつもその向こうの「果てしなさ」に、切断することで接続しているように、「底」というものには、「底がない」ということがふまえられている。

底という漢字は、もともとは家屋の基底部の意味であったようであり、日本語では物事の窮まる処、という意味となる。「悲哀の底」という表題は、悲しみの窮まる処にすむ（住む、澄む、済む）人間の心のやすらぎを求めて考えることが、哲学的論考の最終局面とかかわる、という見通しのもとにある。「西田幾多郎と共に歩む哲学」という副題をつけたのは、「主体から主体を越えて主体の底に行」こうとした西田哲学との共鳴音を「悲哀の底」に聴いてみることを求めたからである。

最近の筆者の西田に関する論文をあげれば、ドイツ語（*Die Logik des Ausdrucks bei Nishida*, in Rolf Elberfeld/Yōko Arisaka（Hg.）Kitarō Nishida in der Philosophie des 20. Jahrhunderts, Herder GmbH, Freiburg/München, S. 44-59, 2014）や中国語（西田哲学中的日本・中国・西欧——関於「場所」的思想、当代儒学研究叢刊33、

中央研究院中国文哲研究所、二七頁〜四四頁、二〇一五）のものもあり、「「場所」の思想の深層　西田とハイデガー」の対比と「世界交差」としての西田哲学」（藤田正勝編『思想間の対話　東アジアにおける哲学の受容と展開』、法政大学出版局、二八一頁〜三〇二頁、二〇一五年）等もあるので、ご参照いただければ嬉しい。

「無事於心無心於事　物となって考へ物となって行ふ」と、カバーに使用した書は、昭和一六年、長野県南安曇郡高家（たきべ）の小学校の記念碑のために、西田が揮毫（きごう）したものである。長野県南安曇郡は現在の安曇野市豊科高家にあたり、大きな岩を使った当時の記念碑は、現在も旧小学校の校庭に立つ。この記念碑を見守るように、旧信濃教育会館本館を長野市内から移築した木造二階建の建物がある。明治より続く信濃教育会主催の講演には、西田幾多郎はもちろん、夏目漱石も参じている。高家のこの建物は、信濃教育会生涯学習センターとして現役で使用されている。夏には毎年「哲学の道」という講演が行われ、筆者も六年間にわたって講師を務めた。他の講師に代わりたいと申し入れたところ、「信州心の詩」という別の講座を設けてくださって七年間、昨年までで合計連続して一三年間、講演をさせていただいた。西田哲学につながる思索への無言の励ましを、毎年深く感じていたので、ぜひともカバーに使いたいと願い出たのである。

安藤忠雄建築である姫路文学館でも、今年までで一一年間講座講師を務めさせていただいている。一年一〇回、毎回一冊の本を取りあげ、筆者が話をしている。この講座の参加者もやはり熱心で、つねに一五〇名近くの方たちが、話しを聞きに来られている。必ずしも易しい話というわけでもないにもかかわらず、どこか心が通じるところがあって、そういう通じ合いが、本書の支えとなってくれている。

もちろん本務校である姫路獨協大学の学生や聴講生の方々、非常勤講師として講義をもった、京都大学、関西学院大学、同志社大学等の学生たちとの交流も、拙著の響きの中に有る。

なによりも、上田閑照先生をはじめ、森哲郎先生、藤田正勝先生、そのほかおおぜいの先生方からお教えいただいたことなしには、この本も生まれなかった。一々お名前をあげ、また参考文献も列挙すべきところであるが、氏名や書名を並べるだけでは収まりがつかず、名をあげるなら一々どのような点で影響を受けたかを語らずには済ませられない。ここでお教えを受けた先生方に、心からのお礼を申し上げるにとどめさせていただきたい。

昨年末、京都哲学基金土井道子記念のシンポジウムが開かれ、四人のうちの一人の提題者として議論させていただく機会を得た。「詩と宗教」というテーマであった。「事（こと）と言（こと）――「平常底」としての言葉」という表題で話しさせていただいた。拙著の次の展開を、この議論を通して予感することができた。これからいよいよ「無窮底」の「研究道」に参じて行きたいと思う。

二〇一七年一月四日　神戸にて

岡田勝明

《著者紹介》

岡田勝明（おかだ　かつあき）

1951年　兵庫県に生れる
1980年　関西学院大学大学院文学研究科博士課程
（哲学専攻）単位取得後満期退学
現在　姫路獨協大学人間社会学群教授、博士（哲学）

主要著書

『フィヒテ討究』（創文社，1990）
『開かれた孤独へ――思想の源流に求める人間の所在』（世界思想社，2000）
『フィヒテと西田哲学――自己形成の原理を求めて』（世界思想社，2000）
『良寛への道――ことばに生きる』（燈影舎，2005）
『自己を生きる力――読書と哲学』（世界思想社，2011）

悲哀の底
――西田幾多郎と共に歩む哲学――

2017年4月20日　初版第1刷発行
2019年4月15日　初版第2刷発行
＊定価はカバーに表示してあります

著者　岡田勝明©
発行者　植田実
印刷者　田中雅博

発行所　株式会社　晃洋書房
〒615-0026　京都市右京区西院北矢掛町7番地
電話　075(312)0788番(代)
振替口座　01040-6-32280

カバーデザイン　時岡伸行
印刷　創栄図書印刷(株)
製本　(株)藤沢製本

ISBN978-4-7710-2869-2